Huellas

Huellas

Josep Lluís Mateo
Escritos 2005–2020

◫ PARK BOOKS

Introducción

Philip Ursprung

Si el arte y la arquitectura aspiran a aumentar la complejidad, y la ciencia y la ingeniería, a reducirla, Josep Lluís Mateo ocupa una posición entre ambos polos. Es capaz de reducir la compleja relación entre la sostenibilidad y la arquitectura a las categorías elementales de la tierra, el agua, el aire y el fuego. También es capaz de transformar el tema en apariencia sencillo de la arquitectura icónica en una reflexión diferenciada sobre el espacio, la monumentalidad y la historia.

Sus escritos ofrecen la misma mezcla de solidez y ligereza, certidumbre y duda que uno encuentra en sus edificios. Por un lado, esto es el resultado de su labor como crítico y editor de la revista de arquitectura *Quaderns* y, desde entonces, como autor de numerosos libros, ensayos y conferencias; y por otro, esta idea se relaciona con su método de diseño, que parte más bien de conceptos, narrativas y lenguaje que de formas, figuras e imágenes.

Como editor y crítico, Mateo escribe con frecuencia sobre la obra de los demás. A diferencia de muchos de sus compañeros de profesión, no utiliza sus escritos como medio de propaganda de sus propios edificios o sus líneas de pensamiento. En consecuencia, no hay nada dogmático, apologético ni estratégico en sus textos. Del mismo modo en que sus edificios a veces dan la impresión de que fue él quien los encargó para descifrar algo que necesitaba comprender, sus escritos no parecen supeditados a unos objetivos en particular. Están ahí para dar respuesta a sus preguntas. Están motivados por lo que no sabe, más que por lo que cree que ya sabe.

La noción de proyecto, del latín *projectum* (impulsado hacia delante), se halla intrínsecamente relacionada con la noción de pregunta. La hermosa frase de Mateo «siempre he creído que un gran profesor plantea una pregunta cuya relevancia y enfoque hacen que todas las respuestas sean excelentes» podría ser un lema de sus proyectos, su escritura y su docencia. La pregunta compartida, planteada por Mateo, une al profesor y a los alumnos, al escritor y al lector, al constructor y al residente. Abre el espacio y aumenta la libertad de todos los implicados.

Al igual que las huellas, los escritos de Mateo son sencillos y complejos. Nos recuerdan que uno no es nunca el primero ni tampoco el último. Nos ofrecen orientación y nos sirven de ejemplo. Y es un placer seguirlos.

De la naturaleza

Tierra, agua, aire, fuego: Los cuatro elementos y la arquitectura hoy	08
Tierra	10
Agua	12
Aire	14
Fuego	16
Excavaciones	18
Desierto	24
Refugio	25
Islas	26
Baleares	27

Tierra, agua, aire, fuego: Los cuatro elementos y la arquitectura hoy

Si en nuestro pasado reciente el paradigma con el que se medía la arquitectura era la ciudad, ahora, a mi juicio, el referente colectivo que envuelve nuestra actividad proyectual es la *relación con la naturaleza*.[1]

La sostenibilidad como argumento económico pero también moral y político es claramente un lugar común de consenso en nuestras sociedades. Es un argumento frecuentemente abstracto, sin forma; con tintes religiosos (que apela más a la fe que a la razón), utilizable en el verbalismo político y que deriva fácilmente hacia la tecnocracia ingenieril.

En este contexto, reivindicar la utilidad de la presencia de los cuatro elementos (tierra, agua, aire, fuego), con los que los filósofos presocráticos concibieron la relación del hombre con la naturaleza, nos parece de clara utilidad actual para la disciplina.

1. La condición urbana es ya omnipresente. Después de Rossi y Koolhaas, una muestra de la inviabilidad operativa de la nostalgia o el delirio, la ciudad aparece como una segunda naturaleza, fruto de procesos distintos a los puramente arquitectónicos. Considerar la ciudad también como naturaleza confirmaría el argumento aquí planteado.

Los elementos nos relacionan con la naturaleza como fenómeno *físico*; es decir, experimentable por los sentidos y de esta forma directamente conectada con la arquitectura, que, como sabemos, trata de la construcción real del mundo, de la operación alquímica que transforma conceptos en materia.

Los elementos rescatan nuestra actividad de la pura abstracción matemática con la que la tecnología opera.

Nuestra actividad, a un nivel primario, arcaico pero presente, consiste en modelar la tierra para geometrizar su superficie o en horadarla para construir cimientos; en levantar paredes y cubiertas que nos protegen de la lluvia y de la nieve; y en utilizar la energía del fuego como luz y calor que hacen habitable el espacio.

En el estadio actual de la globalización, en el que la ecuación identidad-modernidad aparece desde una nueva perspectiva, los elementos reproducidos en todas las culturas como momento inicial sobre el que la actividad constructiva humana se relaciona, forman parte de un vocabulario general de argumentos comunes. Descartada la modernización como aplicación salvaje de los viejos prototipos cansados de la metrópoli, la manipulación inteligente y sensible de los elementos proporciona la base de proyectos específicos arraigados y, a su vez, globalmente comprensibles.

Tierra

La tierra es nuestro soporte, nuestra base: el punto de arraigo desde el que —finalmente— podremos volar.

Hablar de la tierra supone también pensar en el agua, esa fuerza lenta que moldea, agrieta y horada. Que la transforma y a veces también la debilita.

Y también supone pensar en el aire, el vacío, el viento que se desplaza por la superficie de la corteza terrestre y que nuestros edificios, extensiones de esta, canalizan o al cual se oponen.

Hablar de la tierra representa otra forma de encuentro con lo local. Encuentro con los restos del naufragio: huesos —transformación de lo orgánico en inorgánico— piedras, viejos cimientos, rastros.

Y un encuentro con el material: la arcilla roja, la arena amarilla, los cantos rodados grises en estratos o masas.

Nuestros trabajos con la tierra suponen horadarla, agujerearla, penetrarla. Garantizar el paso de cargas y de fluidos hacia ella, donde se disipan.

Dimensión vertical: gravitatoria y espacial.

Y también consisten en moldearla, reorganizar la topografía (probablemente introducir la geometría en ella), reforzarla, aplanar su superficie.

Dimensión horizontal: superficial y abierta.

La tierra: principio y fin de la arquitectura.

IMG. 01   Michael Heizer, *Double Negative (Doble negativo)*, 1969. Moapa Valley en Mormon

Agua

Sin forma: el agua se adapta al recipiente.
Sin color.
Sin sabor.
Sin olor.
En constante movimiento: inestable, de comportamiento dinámico.
En su movimiento horada, rompe, moldea.

Al cambiar de estado líquido a sólido y congelarse, aumenta de tamaño. Sin embargo, no solo cambia la consistencia, sino también nuestra relación con ella. Un glaciar, por ejemplo, se asocia al fin del mundo, al fin de la vida. Es un paisaje de supervivencia más que un lugar donde permanecer. En cambio, en su forma líquida es lo contrario: un sinónimo de placer, vacaciones y disfrute de la vida.

Necesaria para la vida.

IMG. 02   Eva Afuhs, *Wasser I (Agua I)*, estudio fotográfico, 1994–1998

Aire

En un nivel básico, primario, nuestros edificios se apoyan (hacia abajo) en el suelo, en la tierra, y se despliegan (hacia arriba) en el aire, en el cielo.

La tierra satisface la necesidad de anclaje, y el aire ofrece la posibilidad de expansión, apertura, despegue.

El aire plantea muchas cuestiones interesantes que la arquitectura debe abordar. Una es la verticalidad, la conexión con el cielo, con el cosmos. Otra es la presencia del viento, una poderosa fuerza horizontal que penetra en las estructuras construidas, cuyo peso las somete a una tracción vertical como consecuencia de la fuerza de la gravedad.

El cielo también está cubierto de nubes; en estado gaseoso reaccionan a la temperatura, variando su consistencia para convertirse en lluvia (líquido) o en nieve (sólido).

Si la arquitectura es, en última instancia, sólida, tenemos que interactuar explícitamente con el carácter gaseoso y cinético del medio. Debemos reflexionar sobre su consistencia, además de la necesidad de proteger y encapsular. También la superación de la solidez, la densidad y la fijación típicas de la arquitectura para asociarnos a la ligereza y la evanescencia gaseosa forman parte de los argumentos propios de nuestra condición de arquitectos, teniendo en cuenta que ser realistas supone a veces pedir lo imposible.

La arquitectura no solo protege, cierra, limita, sino que también, a veces, la solidez de la construcción desaparece y se funde en la consistencia gaseosa del aire.

IMG. 03　　Meilerhütte en Garmisch-Partenkirchen, Alemania

Fuego

'τὰ δὲ πάντα οἰακίζει κεραυνός'
«Todas las cosas las gobierna el rayo.»

Heráclito, *Fragmento 64*. (Texto colgado en la puerta de la cabaña de Martin Heidegger en Todtnauberg)

Los prehistóricos consideraban el fuego como el elemento primigenio, el origen de la formación de la materia. En nuestro ámbito, la arquitectura, el fuego se asocia a la energía, a la adaptación térmica necesaria para la vida humana y a la utilización y a la producción de los materiales (hierro, vidrio, alimentos) que son fundamentales para la supervivencia. El fuego representa el flujo de vida a cuyo servicio se halla la arquitectura.

El fuego, por lo general, se relaciona con la energía, la luz, la purificación, la iluminación, la creación, la destrucción y la metamorfosis. Tiene las cualidades del calor y la sequedad, y cuando los humanos encendieron el primer fuego y se reunieron a su alrededor, lograron superar la hostilidad del entorno y supeditar los recursos naturales a las necesidades humanas.

Como sinónimo de los poderes trascendentales de la humanidad, el fuego se halla en el origen del calor y de la luz. Sin embargo, si no se maneja correctamente, su carácter benigno puede convertirse muy rápidamente en una peligrosa y apocalíptica pesadilla.

No en vano la chimenea se encuentra en el centro de la casa: el hogar vinculado con el movimiento vertical del humo y las llamas danzantes.

El fuego no tiene una consistencia concreta, pero su presencia puede transformar activamente la materia en diferentes estados. Los centros de producción en los que el fuego desempeña un papel activo son realmente impresionantes y mágicos. A partir de un río de fuego se materializan y solidifican luego todo tipo de formas.

IMG. 04   Walter de Maria, *The Lightning Field (El campo de rayos)*, 1977. Condado de Catron, Nuevo México.

Excavaciones

Son dos obras separadas por treinta años, una reciente y una de las primeras. A pesar del lapso de tiempo y de sus diferentes contextos, revelan muchas cosas en común.

      Lugares antiguos, se mueve la tierra y aparecen ruinas, restos medievales o paleolíticos. Nosotros, los arquitectos, siempre empezamos alterando el suelo, a veces de forma muy violenta. Algunas civilizaciones primitivas, como la inca en los Andes, para las que la Pachamama —Madre Tierra— es una divinidad, tienen un ritual específico para que el constructor se congracie con ella antes de empezar un edificio, antes de horadar los cimientos.

IMG. 05 Fachada de la Filmoteca desde la calle Espalter en Barcelona, 2013

IMG. 06 Plaza de la Iglesia desde la calle Fort en Ullastret, 1985

A principios de la década de los años ochenta, cuando empecé a trabajar en el diseño urbano de Ullastret, en el norte de Cataluña, cerca de Girona –un lugar de gran importancia arqueológica e histórica–, era un pueblo medieval de carácter rural. No estaba urbanizado. La tierra era todavía la superficie del espacio público, las infraestructuras (agua, luz, desagües) eran caóticas y más bien precarias. Mi papel era el de «urbanizar» el pueblo.

En Ullastret, en el campo, donde debíamos pavimentar el espacio público, tuvimos que regularizar primero la topografía casual e irregular. De hecho, esta reconstrucción racionalizada de la geometría de la montaña en relación con los movimientos de las personas y del agua de lluvia que circula por su superficie fue fundamental.

Esta operación fue mágica para mí. Como habitante de una ciudad en la que la tierra que la sustenta ya ha desaparecido hace tiempo, yo quería hacer esta operación de modernización necesaria de una forma sutil, especial, sensible con el lugar y sus voces. Me interesaba una modernización real, pero que valorara aquel conjunto de restos, de fragmentos romanos, medievales y actuales, que yo, con interés casi infantil, contemplaba con asombro.

IMG. 07   Plaza de la Iglesia antes de la intervención en Ullastret, 1982
IMG. 08   Plaza de la Iglesia después de la intervención en Ullastret, 1985

La nueva sede de la Filmoteca de Catalunya debía construirse en el Raval, una de las partes más antiguas de la ciudad histórica. Aquí no era tanto la tierra lo que me atrajo al principio (luego la relación con ella supuso unos procesos largos y complejos). A mí lo que me interesó de entrada fue el contenido sociomorfológico de la zona: el antiguo barrio chino (prostitución extrema y miseria permanente desde hacía siglos). También había sido lugar de frecuentes luchas, escenas violentas incluso del pasado reciente.

Así, por ejemplo, la plaza tiene el nombre de Salvador Seguí por el anarquista que fue asesinado allí.

Este mundo oscuro, asfixiante, trasunto del cine, la fotografía y la novela negra, era el área donde yo debía intervenir; y, por tanto, cambiar, modernizar. Pero, como en el caso de Ullastret, este cambio yo lo quería especial, sensible y al nivel de la fuerza telúrica de lo existente. No quería pasar por allí de una forma blanda, amanerada o estándar, sin ser capaz de responder con la energía necesaria, de ser un antagonista adecuado.

IMG. 09   Obras para la cimentación de la Filmoteca en Barcelona, 2007

Cuando empezaron las obras en el contexto de la ciudad densa de la Filmoteca, aparecieron cimientos, viejos muros, asentamientos. Aquí yo no debía construir una superficie como en Ullastret, sino levantarme hacia arriba, generar un volumen. Un volumen que debía estar formado por muros, por planos. La lógica del muro y su expresión constructiva directa con sus clavos, hierros interiores... son una parte fundamental de su carácter. Se trataba, por tanto, de añadir simplemente un muro más a los antiguos muros vecinos en estado semirruinoso. En el casco antiguo de Barcelona mi edificio pretende expresarse como una estructura pura, sin revestimientos ni acabados. Los muros-viga de hormigón visto que construyen las fachadas, siendo muy diversos, son de la familia de los desvencijados muros vecinos, que enseñan a través de sus desconchados su masa central originaria.

IMG. 10   Fachada principal de la Filmoteca frente a la plaza de Salvador Seguí en Barcelona, 2013

En Ullastret, había que revestir, definir la piel de la superficie del suelo geometrizada. Aquí la idea –casi diría el delirio– fue que este revestimiento horizontal reaccionara siempre con su entorno directo, con los muros de las fachadas: sin límites y sin ninguna otra lógica interna que la que le proporcionaba la geometría de la topografía en su base. El fragmento era la regla. Al límite, cada centímetro cuadrado planteaba un problema específico. Un sistema no puede durar mucho en una ciudad medieval, y operar así con el pavimento suponía seguir con la lógica urbana general; en este caso, fragmentada y múltiple.

IMG. 11/12   Detalle de los encuentros de los distintos pavimentos en Ullastret
              1985   2020

La Filmoteca es volumen, no superficie. Tiene espacio interior. La luz es protagonista. La luz construye, acompaña el movimiento. El espacio se articula en torno a dos movimientos. El primero, el descenso hacia la oscuridad de los cines, con la reflexión de los espectadores (a su vez reflejados, actores vistos a través de un conjunto de espejos). El segundo movimiento es el ascenso hacia la luz, hacia los lugares de trabajo. La subida desde el hall hasta las plantas superiores del edificio la realizamos acompañados de la luz natural que aporta el gran lucernario sobre el patio donde se ubican las escaleras mecánicas. Dos patios conectados pero no continuos acompañan y construyen el movimiento.

IMG. 13   Entrada de luz cenital en la Filmoteca, 2013

Pero debajo, en Ullastret y en Barcelona, las ruinas son el elemento que tienen en común: los vestigios romanos que formalizan los planos de los cimientos y de las alcantarillas, y marcan la nueva estructura de los edificios que se construyeron sucesivamente en su lugar. Con el tiempo caen las murallas y desaparecen las cubiertas. Lo que hay bajo la superficie es lo que queda: las antiguas excavaciones a partir de las cuales se han planificado nuevos mundos.

IMG. 14 Plaza de la Iglesia en construcción, Ullastret, 1983

IMG. 15 Restos arqueológicos encontrados durante las excavaciones para la Filmoteca, 2007

Desierto

'In a landscape where nothing officially exists (otherwise it would not be "desert"), absolutely anything becomes thinkable and may consequently happen.'

«En un paisaje donde nada existe oficialmente (si no, no sería "desierto"), absolutamente cualquier cosa es imaginable y, en consecuencia, puede suceder».
Reyner Banham, *Scenes in America Deserta*, 1982

Poner el desierto en relación con la arquitectura supone imaginar el objeto frente a su antagonista, el grado cero del exterior: infinito, extremo, móvil, inabarcable.

También supone recordar lo que la arquitectura tiene de protección, de interior, de oposición a la naturaleza.

También que la arquitectura en sus orígenes obligaba a utilizar radicalmente los recursos que se hallaban a disposición: un palo y unas telas (que podemos trasladar; por el desierto se pasa, no se está), unas piedras encontradas, un barro labrado.

Instrumentos de supervivencia.

IMG. 16   Fotografía de Reyner Banham del desierto de Mojave en California, 1980

Refugio

Hablar del refugio supone recordar un argumento arcaico, primigenio de nuestro trabajo. La condición de protección frente a un exterior hostil con el que la arquitectura inició su andadura. De ahí podríamos pasar a la cueva o al búnker como manifestación de la voluntad de supervivencia. Pero, siguiendo en este ambiente arcaico, yo prefiero mirarlo desde otro punto de vista.

> 'If the sedentary knows the value of things, the nomad [...] is acutely conscious of their fragility.'
>
> «Si el sedentario conoce el valor de las cosas, el nómada [...] tiene clara conciencia de su fragilidad».
> Titus Burckhardt, *Art of Islam*, 1976

Frente a la esencia dura, sólida, oscura, rugosa, el inicio abierto, ligero, liso, transparente.

Y como refugio inicial yo veo la casa de R. M. Schindler en West Hollywood, Los Ángeles, 1921, un ejemplo preclaro.

Reyner Banham escribió que esta casa se había construido 'as if there had never been houses before'.

> «como si nunca antes hubiera habido casas».
> Reyner Banham, 'The Master Builders: 5', *The Sunday Times Magazine* (8 de agosto de 1971).

Gruesos muros prefabricados de hormigón se moldean en el suelo para luego erguirse verticales, exhibiendo juntas y perfiles, ligeramente inclinados. Las trazas de madera cubren los espacios entre ellos, generando membranas japonesas, como de papel de arroz.

El exterior cuenta. El techo, con sus habitaciones abiertas, también.

El refugio definido por un exterior abierto pero próximo, controlado. Definido por la liviandad y no por el espesor, por la luz y no por la oscuridad.

Más próximo a la tienda del nómada que al recinto protector (de gruesos muros) del agricultor.

IMG. 17   RM Schindler Studio. Inclinando una losa con bloque y aparejo constructivo, 1922

Islas

'Rêver des îles, avec angoisse ou joie peu importe, c'est rêver qu'on se sépare, qu'on est déjà séparé, loin des continents, qu'on est seul et perdu – ou bien c'est rêver qu'on repart à zéro, qu'on recrée, qu'on recommence. [...] l'île, c'est aussi l'origine, l'origine radicale et absolue.'

«Soñar con islas, ya sea con angustia o con alegría, poco importa; es soñar con separarse, con estar ya separado, más allá de los continentes, soñar con estar solo y perdido, o bien es soñar que se retorna al principio, que se vuelve a empezar, que se recrea. [...] La isla también es el origen, el origen radical y absoluto».
Gilles Deleuze: 'Causes et raisons des îles désertes', 2002

Islas, espacios finitos, cerrados: el límite como condición y presencia, como momento unificador. Pequeños mundos ampliados eventualmente por la repetición: el archipiélago, a veces metáfora arquitectónica.

Dos temas plantean tradicionalmente las islas:

Uno, la prioridad de la naturaleza como argumento. Sobre el horizonte continuo del mar la figura se despliega con toda la retórica del paisaje: montañas, rocas, árboles, vegetación... Estos serán los materiales que construyan la imagen.

Dos, la presencia humana en su actividad constructora, hasta no hace mucho limitada por las posibilidades (escasas) y por las imposibilidades (grandes). Ejemplos de ingenio y simbiosis con el medio. Versiones de lo vernáculo. En el pasado.

Ahora hay que añadir la transformación producida por el turismo y la modernidad.

El cosmopolitismo frente al endemismo.

IMG. 18 Isla de Strombolicchio, Italia

Baleares

Mi primer encuentro con las Baleares fue muy temprano, siendo yo un joven *boy scout* de expedición en Menorca. Para un niño de ciudad, introvertido pero observador, aquello era la expresión de la aventura: el viaje en un barco destartalado (el vapor *Mallorca*), una isla con un lenguaje especial, la historia pasada pero físicamente presente (*talaiots*, castillos, ventanas de guillotina inglesas...), el mar y la naturaleza, el mundo rural.

Un poco después, Ibiza y Formentera aparecieron en el horizonte. Era el mundo hippie romántico, que a mí desde la distancia me atrajo más que el puro activismo político de la época, que era la otra posibilidad para un joven inquieto.

Más tarde, finalmente, llegué a Mallorca, que nunca había considerado como destino posible y que solo veía como lugar de turismo de masas. Aparecí en Sóller en un barco después de una muy difícil travesía de seis días desde Castellón, con temporales y averías de motor, calma chicha, etc. Fue la tierra de promisión.

Moverse por la Sierra de Tramontana fue alucinante y a partir de aquí empezó esta ya larga relación que, en un momento dado, se consolidó construyéndome una casa. Construir siempre supone conectar con la tierra, arraigarse, es sabido.

De aquí me interesan muchas cosas. Una es la naturaleza. Construí mi casa en un lugar que todavía está poco poblado, porque el clima siempre ha sido extremo: viento del norte, temporales, calor intenso desde las montañas del sur... Mi casa quiere proporcionar al mismo tiempo abrigo, protección y apertura, contemplación del espectáculo exterior. Cerrarse y abrirse simultáneamente. El mar y el cielo tocándose en una línea, con el cabo Formentor difuminado al fondo.[1]

Otra cuestión central de mi presencia es cultural. En las islas, y concretamente en Mallorca, encontré las trazas de la cultura mediterránea que está en la base de mi identidad. Una cultura que se relaciona con una geografía específica, con lo que todo ello supone de sensibilidad física; y con la tradición grecorromana que se superpone a otros mundos: la presencia de la cultura árabe y algo ignoto pero real, prehistórico. De hecho, hay un arcaísmo presente en el mundo local que me interesa.

Mi obra se produce desde varios frentes, pero hay uno que siempre ha estado muy activo: la fascinación por lo primitivo, lo arcaico; digamos lo esencial.

Mi casa, que es muy abstracta (otro frente, no necesariamente opuesto a los anteriores), dialoga con estos temas.

La celosía de marés[2] (¡tenía que usarlo!) dibuja las vistas y recorta la luz, según *patterns* digamos bereberes. Frecuentemente la retoco, aprovechando la bondad del material y su desgaste.

Siempre pensé mi casa en relación con las rocas, con la geología, y no en relación con la ciudad o la arquitectura.

El lugar es duro, está dicho, y debo esforzarme continuamente por protegerla.

[1] «Josep Lluís Mateo ha construido una casa que se eleva, aparentemente indiferente a su entorno inmediato, y a la topografía local. En cambio, se concentra en el gran espectáculo del mar abierto y el mundo que crea la propia casa.»
Fragmento del texto *La casa blu sul mare* escrito por Ignasi de Solà-Morales para la revista Domus (n. 836, abril de 2001).
2   Piedra local arenisca, blanda. Muy utilizada en la isla.

IMG. 19 Celosía de marés de la casa en Mallorca, 2019

IMG. 20 Atardecer visto desde la casa en Mallorca durante el verano de 2019

De la ciudad

Volumen, vacío, superficie   32
No solo piel   34
De la encarnación   36

Volumen, vacío, superficie

En la ciudad definimos un espacio urbano por la interrelación de los objetos en el *vacío*.

Los *volúmenes* de estos objetos difícilmente podrán ser los sólidos puros, platónicos, que Le Corbusier planteaba en *Vers une architecture (Hacia una arquitectura)*. Varias razones —programa, contexto, técnicas— los distorsionarán, convirtiéndolos en objetos más parecidos a piezas de Brancusi, siendo su taller una metáfora de la ciudad global.

En su base, la *superficie* es una textura a definir. En nuestro caso, intentamos reencontrar la tierra, la naturaleza primigenia.

Las caras exteriores de los volúmenes nos ofrecen sus superficies envolventes. Aparecen nuevas texturas. Nosotros, pese a Deleuze («Lo más profundo es la piel»), hemos intentado a veces pensar en la piel como expresión de los huesos, como un animal invertebrado primitivo. Luego, también, descomponiéndola en capas, superando la condición puramente epitelial de su exterior para convertirla en volumen, en espesor.

IMG. 21   Atelier Brancusi, 11 Impasse Ronsin, Distrito 15, Paris, 1955

No solo piel

Estábamos en los terrenos de la antigua fábrica Renault en Boulogne-Billancourt. Eso me trajo a la memoria viejas historias del Mayo del 68 y la película de Jean-Luc Godard *Éloge de l'amour (Elogio del amor),* rodada allí poco antes de su demolición. Pero cuando llegamos, era un enorme vacío, disponible y bello. Y había que construir una nueva parte de la ciudad. De hecho, como arquitecto me gusta experimentar esta sensación de vacío que hay que llenar y asumir la responsabilidad de hacerlo.

IMG. 22   Fotograma de la película *Éloge de l'amour,* de Jean-Luc Godard, 2001

Es un edificio pensado en términos de volumen y espesor, no solo piel. Las fachadas son muros estructurales de hormigón y han supuesto un fuerte desafío tecnológico. Pero los auténticos constructores aman estos desafíos. La proporción y el tamaño de los huecos se han calculado en relación con el comportamiento estructural del edificio. Por razones energéticas, sobre los muros (que me habría encantado dejar vistos) era necesario disponer un grueso aislamiento térmico, y los protegimos con grandes placas de aluminio. Los muros laterales en continuidad con la cubierta son de zinc, un material tradicional y artesanal, con gran tradición urbana.

IMG. 23   Fachada principal de las oficinas LA FACTORY en Boulogne-Billancourt, París, 2010

De la encarnación

*Entrevista con Josep Lluís Mateo
de Richard Scoffier*

RS   Actualmente es el responsable de Grand Central, el polo multimodal de Niza y su distrito financiero. ¿Cómo ve las relaciones entre la arquitectura y el urbanismo?

JLM   Está claro que hay relaciones, pero no son en absoluto lo mismo. El urbanista hace un encaje general en el territorio, atento a cuestiones infraestructurales (sean estas político-económicas, sociales y ecológicas, además de funcionales o circulatorias).

El urbanista debe generar unas reglas de juego generales que definan, por ejemplo, el espacio urbano, claramente marcado por la interacción entre el vacío y lo lleno, entre los volúmenes y el espacio entre ellos. También debe articular la interacción entre las partes.

Pero el urbanista no debe intentar definir un proyecto de arquitectura a vista de pájaro. Al contrario, debe estructurar las condiciones adecuadas para que el proyecto se exprese específicamente atendiendo a lo concreto, al detalle y a la materia.

Según la escuela italiana y en particular Aldo Rossi, se creía que podíamos diseñar ciudades enteras, que podíamos hacer arquitectura por medio de planes urbanísticos. Era el momento posmoderno de nostalgia del poder ilustrado del siglo XIX. Pero ¡eso no es cierto! El papel del urbanista no es proyectarlo todo, es permitir la eclosión de buenas arquitecturas. Ya sé que «buena arquitectura» no quiere decir gran cosa pero aun cuando esta definición sea imprecisa, me resulta útil. La buena arquitectura es el

IMG. 24   *Occasional City (Ciudad ocasional)* es una ciudad ideal que consiste en fragmentos de ciudades en las que mateoarquitectura ha sido invitado para trabajar. La obra fue presentada en la exposición *Footprints* en la Galeria Joan Prats, Barcelona, 2018

germen indispensable de la cualidad urbana, una realidad física proporcionada a través de la arquitectura.

Entre la nostalgia historicista del proyecto unitario del poder ilustrado del siglo XIX y la pura expresión de las fuerzas económicas del neoliberalismo actual (donde no existe la ciudad como proyecto interconectado) se sitúa el territorio por donde creo interesante transitar.

Permítanme que insista una vez más en la diferencia entre estos dos perfiles. Uno es más tecnocrático, y su misión es de interés general, la de preservar la unidad, sin la cual regresaríamos al caos. El otro debe permitir la incubación de la ciudad del mañana. Pero sin una buena arquitectura es imposible que exista un buen proyecto de urbanismo...

La temporalidad del urbanismo también entraña dificultades. Dentro de poco, llevaré ocho años en Niza y ahora es justo cuando el proyecto comienza a cobrar forma, lo cual es un poco frustrante. En la arquitectura tenemos una relación con el tiempo ya distendida de por sí. Uno concibe proyectos que se construyen al cabo de unos años. Pero en urbanismo los plazos se prolongan aún más.

RS ¿Cómo definiría el urbanismo actual?
JLM Hubo primero urbanistas muy pendientes de la dimensión económica del espacio, luego los arquitectos afines a la dialéctica morfología-tipología, luego los que celebraron el caos anticipando la ciudad neoliberal y finalmente ahora llegan los paisajistas, más sensibilizados ante el futuro ecológico de los territorios habitados.

No me obsesiona la morfología de la manzana, que sea abierta o cerrada; no creo que sea muy importante. En cambio, me interesa mucho la aparición de los criterios ecológicos, de sostenibilidad y de relaciones primarias con la naturaleza, bien presentes en la escena contemporánea.

Creo que son sintomáticos de la caducidad de la ciudad de piedra del siglo XIX, del París de Haussmann o de la Barcelona de Cerdà. Estos modelos de ciudad ordenada y regular tienden a desaparecer a favor de un urbanismo más territorial. Pasamos de una organización totalmente artificial a planificaciones más geográficas: la naturaleza de los suelos, la fauna y la flora...

La ciudad tradicional se había considerado un constructo social abstracto, independiente de la naturaleza. Reintroducir la interacción con la naturaleza en el discurso urbano me parece de gran interés.

IMG. 25   Vista nocturna del Eje central del polo multimodal de Niza Grand Arénas, Francia, 2018

IMG. 26   Esquemas climáticos para el proyecto de desarrollo del Plan urbanístico de los terrenos del Grand Arénas en Niza, Francia, 2011-2018

Confort térmico   Radiación solar en verano   Ventilación natural – Viento noroeste

Valores

Iconoclastia	42
El buen salvaje	45
Los valores de la arquitectura	48
Arquitectura, futuro	51

Iconoclastia

Antiguamente, los edificios y otras construcciones que formalizaban momentos singulares para la comunidad se llamaban monumentos. Expresión del poder, celebración de rituales, afirmación colectiva constituían su base. Normalmente eran sólidos (la permanencia era su –difícilmente posible– objetivo). Eran escasos, en una proporción quizás de 1 a 100 (siendo 100 una masa más o menos continua de viviendas y servicios, no muy diferenciada, y 1, este nuevo objeto especial). Pese a su limitado número, o quizás debido a ello, aglutinaban el mundo a su alrededor; es decir, establecían relaciones con su entorno (u obligaban a los demás a hacerlo). Definitivamente terrestre, un monumento era como una roca, una montaña que se erguía para dominar el llano.

    El monumento tenía un interior: detrás de sus gruesos muros pretendía proteger un espacio presuntamente sagrado. Ahí dentro, los límites del espacio se tatuaban y se maquillaban; ya no era la representación de la construcción lo que se ofrecía (como sucedía fuera): los muros se transformaban en oro; la madera, en representación pictórica; la luz y –quizás mayormente– la oscuridad puntuaban lo que había que ver y lo que, aun existiendo, no se veía.

En el mundo contemporáneo, el proyecto con voluntad expresiva excepcional (casi todos) se llama comúnmente «icono». Un icono, etimológicamente, era la representación de la divinidad a través de la pintura. Es célebre la abundancia de iconos bizantinos que, con un estilo muy codificado, eran venerados como presencia en la tierra de Dios y los Santos.

La presencia de iconos en la arquitectura contemporánea tiene algunas características que me gustaría definir aquí.

Una es su multiplicidad: en la ciudad contemporánea todo es potencialmente icónico; es decir, expresivamente autónomo, sin relación.

Walter Benjamin[1] afirmaba que, frente a la definición clásica del «aura»[2] de la obra de arte, «aparición única de una lejanía», el mundo contemporáneo cambiaba las condiciones de esa «aparición». Frente a la «lejanía», la cultura de masas demandaba proximidad; frente a la «unicidad», la repetición. En nuestro caso, la iconicidad podría identificarse también en paralelo con la repetición, la copia, la no originalidad y difícilmente en relación con una presunta «proximidad». De hecho, los edificios icónicos no suelen resistir el contacto y el análisis fenomenológico cercano.

Los iconos no orientan, no jerarquizan; afirman su presencia, y, aunque en algún momento la impongan, es un momento efímero. Más pronto que tarde aparecerán nuevos iconos y borrarán el primero (o lo intentarán). El hacedor de iconos, en su esforzado y constante peregrinar por la galaxia, no acostumbra a volver a lo que antaño fue un desierto, la base en la que se levantaba el icono, poblado ahora por nuevos colegas barbáricos que posiblemente reduzcan el efecto imaginado por su hacedor (¿o acaso lo refuerzan?).

1. Benjamin, Walter. *Das Kunstwerk im Zeitalter seiner technischen Reproduzierbarkeit: Drei Studien zur Kunstsoziologie* (La obra de arte en la época de su reproductibilidad técnica). Frankfurt: Ed. Shurkamp Verlag, 1981, p. 107.
2. El aura sería, según la iconografía bizantina, aquel halo circular que envolviendo la cabeza de la persona representada señalaba condición divina. El aura se utiliza aquí para señalar esa especial cualidad que separa los objetos comunes de los dotados de especial trascendencia artística.

El lugar para el icono es una base plana y un fondo. El desierto es adecuado como base, pero todavía más apreciada es el agua: refleja la forma y la reproduce. Dado que un icono es casi exclusivamente forma, ese efecto multiplicador intensifica su esencia.

El lugar es también cielo: azul y nubes. Puede incorporar —en sus *renders*, como sensible adaptación al lugar— una luminosidad especial: más intensa en Dubái, más fría en Moscú.

El icono no tiene espesor, es pura piel. Sabe que es pura apariencia y no se confunde. La piel debe ser espectacular en el sentido de que tiene que ofrecer espectáculo; la iluminación nocturna es fundamental. Los motivos locales son siempre bienvenidos: Gaudí en Barcelona, toques de fengshui en China, guiños a la arquitectura vernácula (cuando la hubiera), etc.

El icono no tiene espacios, no tiene interior. O si este existe, no tiene ningún interés.

Además, frecuentemente el icono no sirve para nada: el museo no tiene colecciones ni el auditorio tiene una orquesta. En este caso, que la acústica simplemente no exista es coherente.

La tradición del icono tiene su antagonista incorporado. El movimiento iconoclasta destruyó todas las representaciones de la divinidad, alegando que destruían su esencia.

El buen salvaje

'Gardez-vous de la pureté, c'est le vitriol de l'âme.'
«Cuidado con la pureza, es el vitriolo del alma...»
Michel Tournier, *Vendredi ou les limbes du Pacifique,* Paris: Folio, 1967, p 14.

En el imaginario de la profesión del arquitecto han aparecido históricamente diversos paradigmas. No tan lejano está el del genio cosmopolita globalizado, defendiendo la globalización y, en sus propias palabras, lo genérico, y proponiendo sin cesar nuevos horizontes, ya fuera en Atlanta o en China. En el clima intelectual del fin de siglo, esta figura profesional emergió con sus correspondientes sacerdotes (pienso en Rem Koolhaas) y una vasta legión de, en muchos casos, menos sofisticadas figuras que se lanzaban apresurada y glotonamente sobre el amplio mercado en donde se aplicaban el estilo personal icónico, la confianza en la bondad extraterritorial de la técnica (ecos del high tech) o simplemente restos de modernidades o clasicismos amanerados.

La crisis económica de principios de siglo y la amplia conciencia colectiva frente a la devastación producida por esta actitud han hecho que esta línea de argumentación —digamos cosmopolita y globalizadora— haya perdido su prestigio intelectual. Frente a ella, hay muchos datos que recientemente anuncian la proposición de un nuevo mito con un amplio consenso colectivo y mediático.

Frente al ilustrado cosmopolita anterior, nos encontramos ahora en presencia del, utilizando la nomenclatura rousseauniana,[1] *le bon sauvage* o el buen salvaje.[2] Rousseau, en abierta polémica contra la Ilustración de los enciclopedistas volterianos, defendía como esencia de verdad y de pureza al buen salvaje, al Emilio incontaminado en el mundo «natural».

En nuestro campo, los mitos presentes colectivamente activos parecen anunciar procesos semejantes.

Frente a la globalización, defensa de lo *local*. Frente a lo cosmopolita, el ruralismo. El artista ahora vive en el *pueblo*, preferentemente en lugares poco accesibles: las montañas, ya sean los Alpes o los Pirineos. O lo aparenta.

El buen salvaje tiene a gala desdeñar la tecnología y en su presunto retiro de anacoreta aparenta distanciarse de los medios de comunicación y la organización contemporánea.

Este personaje habla poco, pero cuando lo hace no siempre utiliza argumentos racionales; se encuentra cómodo en una cierta metafísica cuasi religiosa. Temas queridos de su santoral son: la arquitectura como transmisora de emociones, el espacio como atmósfera, la naturaleza como referencia primigenia, acultural, esencial.

Emoción, atmósfera, naturaleza: temas propios de esta actitud.

Aquí añadiría lo *material*. La visión corta que esta actitud exhibe orgullosamente se encuentra con el mundo físico del proyecto y hace de él, frecuentemente, su argumento central. El objeto acentúa sus cualidades matéricas, su *presencia*[3] próxima, táctil, sensible, protagonista.

La aparición de esta figura, entendible históricamente como alternativa a las proposiciones anteriores ya claramente no pertinentes, no esconde –a mi juicio– su debilidad.

1. Ver Louis Althusser e Yves Vargas. *Cours sur Rousseau*. Ed. *Le Temps des Cerises*, 1972.
2. «El mito del buen salvaje no hizo más que sustituir y prolongar el mito de la edad de oro; es decir, de la perfección del comienzo de las cosas. El mito del buen salvaje es la creación de un recuerdo...». Mircea Eliade. «El mito del buen salvaje» en *Mythes, rêves et mystères*. Ed. Gallimard, 1957.
3. Hans Ulrich Gumbrecht. *Production of Presence: What Meaning Cannot Convey*. Stanford University Press, 2004.

Si fuera cierto, su rural alejamiento de la escena urbana y global dejaría a esta proposición sin capacidad de intervención fuera de su entorno, el pueblo. Significaría encontrarnos frente a una experiencia atractiva por lo arcaico y entrañable, sin posibilidades de desarrollo a mayores horizontes.

Sin embargo, en una historia como la nuestra, donde el cambio, pese a todo, es siempre protagonista, probablemente se estén ya anunciando nuevas figuras para las que la globalización no suponga oposición a lo local, la inteligencia y la razón sean valores compartidos y sirvan para construir lenguajes y análisis globalmente comprensibles, la forma tenga sentido y no solo valor metafísico, y la apertura cosmopolita sea un instrumento eficaz de construcción de lo nuevo.

Los valores de la arquitectura

Se me ha propuesto hablar de los valores de la arquitectura. Experimento una doble dificultad:

Por un lado, la amplitud del tema, que a veces dificulta avanzar con la pura abstracción y facilita quedarse en lugares comunes.

Por otro lado, constatamos la dificultad, en el mundo contemporáneo, de hablar de valores generales, comúnmente aceptados. El valor siempre es un hecho cultural, es decir, social e histórico, en transición y cambio.

Aceptando el relativismo inevitable, intentaré hablar —obviamente— desde mi subjetividad, pero con una mirada que pretende ser más amplia, de intereses más colectivos.

ARQUITECTURA Y SOCIEDAD

La arquitectura es la expresión del mundo. Sin ella el mundo sería ininteligible.

Por lo tanto, nuestra relación con lo social es directa, estructural.

La arquitectura refleja y formaliza las energías sociales y también, sin idealismos buenistas, fuerzas y pasiones: voluntad de poder, avaricia...

Sin embargo, la construcción de un mundo mejor está en la base, en el aliento de nuestra profesión, que está muy anclada en la realidad (debe estarlo), pero que aspira a ampliar las perspectivas, a construir un nuevo mundo. En nuestra actividad es difícil imaginar la acción como pura voluntad al servicio de la continuidad del *statu quo*. Entre otras cosas, porque en ese caso probablemente no se necesite un arquitecto.

Pienso en nuestra tradición moderna: desde la defensa del higienismo del siglo XIX que varió la concepción tipológica de los espacios hasta la búsqueda de la vivienda masiva de los años veinte con los estudios del *Existenzminimum* o el análisis de las funciones internas de la vivienda...

Nuestra actividad siempre ha trabajado para el futuro y para un futuro mejor.

La relación arquitectura-sociedad no es determinista, no está basada en la relación causa-efecto. Siempre, después del análisis, después de los datos, después de la participación popular tiene que surgir un proyecto. Y este rol de sintetizar los datos y voluntades para hacer un proyecto, producir una nueva realidad, corresponde a los arquitectos, es nuestro rol. Y si nosotros no lo asumimos, lo harán otros (sociólogos, geógrafos, políticos...), porque es necesario. El análisis y la acumulación de datos no llevan automáticamente a un proyecto.

ARQUITECTURA COMO RELATO FÍSICO

La arquitectura se relaciona directamente con el mundo de la materia, del espacio, de la experiencia sensible. Y esto nos pone en contacto con el mundo de la ciencia, pero también con el de las sensaciones.

Un proyecto es siempre una idea, un sueño que conviene controlar para hacerlo realidad.

Y nuestro trabajo, a mi entender, gravita entre dos polos: uno ideal, utópico, abstracto, puro; y otro material, bruto, físico. Esta dialéctica es muy propia de la arquitectura y señala algunos límites: la pura voluntad política e ideológica o la pura sensibilidad manual.

VALORES COMPARTIDOS

Ya me he referido antes a la dificultad y a su relativismo. Pero, en este contexto, yo —con todas las salvedades que quieran— me lanzo a afirmar algunos valores como base de nuestra actividad.

Y estos valores comunes no son de ahora. Son antiguos, son de siempre. Son los valores que ya propuso Vitruvio (el primer teórico de la arquitectura) y después recordó Alberti, en el Renacimiento.

Estos son, también ahora:

Firmitas: la búsqueda de la solidez, el valor de la materia, la importancia de la construcción.

Commoditas: el uso, el bienestar, el espacio. La arquitectura no es solo superficie o volumen, también tiene interior. Y en este interior es donde la vida humana se desarrolla.

Venustas: la voluntad de belleza, la trascendencia, el instrumento de conexión y comunicación permanente de la humanidad.

Desde aquí, pienso que podemos defender con orgullo nuestro territorio.

Que es el de todos.

Arquitectura, futuro

Texto escrito durante el confinamiento provocado por la Covid-19

1.   Reflexionar sobre el futuro, desde una situación tan dura como la que vivimos, se presta a transitar por todo tipo de caminos no atractivos.

En sus límites, el moralismo buenista o la reducción de horizontes del localismo reencontrado.

Intentaré evitarlos.

Un primer argumento, evidente, *es la reflexión sobre el desarrollo de la globalización.*

E imaginar la (¿ingenua?) posibilidad de que el libre movimiento del capital fuera controlado socialmente y tuviera una influencia positiva en la calidad de vida general de los humanos, y no supusiera, como ha sido el caso, la ampliación de la brecha del dinero y, siendo el beneficio el único objetivo, la desaparición de la calidad de las cosas y de la vida.

También, que fuera posible imaginar un mundo interconectado, en donde pudiéramos encontrar todos un acomodo conjunto y no asistir al conocido espectáculo de la construcción de murallas y castillos que nos separan y aíslan.

Algunos argumentos más próximos a la arquitectura:

2.   Frente a la eclosión de lo digital que experimentamos y utilizamos, *recordar que la arquitectura, nuestro destino, tiene la misión de construir el mundo físico, real. El mundo de las sensaciones, del espacio, de la luz, de la materia. Cada vez más necesario e importante en un mundo virtual de la pura imagen efímera.*

De especial relevancia en el futuro.

3.   Me ha sido dado vivir el confinamiento y el cierre obligado por la pandemia en un lugar remoto, sin casi presencia humana.

Allí, llegando la primavera, se asistía al prodigioso despliegue de la naturaleza en su eclosión.

La naturaleza, como referente primero de la arquitectura, argumento ya planteado contemporáneamente desde múltiples lugares (ecología, ingeniería, sostenibilidad...), sin duda, no dejará de crecer.

Nuestra tradición arquitectónica también puede exhibir orgullosamente en muchos momentos de la historia cómo la actividad constructora humana se ha basado en una relación inteligente, no depredadora, con el medio natural. Y que ésta, transformándolo, ayudaba a su desarrollo.

Aunque sea quizás un lugar común, la interacción naturaleza-arquitectura será, es, argumento prioritario en el futuro (a evitar: el verbalismo político, el cinismo económico, los excesos maquinistas).

4.   *Las ideas dominantes sobre la ciudad resultan afectadas por nuestra experiencia reciente.*

Tanto los mitos de la densidad, de la modernidad en delirante crecimiento... como la nostalgia de la ciudad histórica del XIX, son referentes que convendría revisar.

También la mitología del transporte público y su opuesto, la destrucción del coche privado...

Debemos proponer nuevos modelos urbanos que, al tiempo que garanticen la interconexión y el intercambio, permitan el movimiento y el disfrute del espacio colectivo en condiciones seguras y atractivas.

La discusión sobre nuevos modelos urbanos no ha hecho más que empezar.

5.   Finalmente, esta experiencia reciente, el confinamiento, nos ha puesto de relieve, como experiencia directa, *las condiciones habitativas de las viviendas.*

Sin duda, variadas, con diversidades culturales (por ejemplo, la diferencia en el espacio doméstico entre Norte y Sur de Europa…), pero, a mi juicio, largamente necesitadas de nuevas reflexiones y propuestas de esta parte importantísima del entorno construido.

Excesivamente marcado por la pura avidez del capital y, en paralelo, por la congelación mental y la rigidez operativa de las normativas y los sistemas de control funcionarial públicos.

Probablemente, las consecuencias de esta experiencia serán más visibles a medio-largo plazo que de forma inmediata. Y serán, sin duda, fruto de acuerdos sociales en donde los arquitectos, como especialistas en construir nuevas realidades, debemos proporcionar nuevas síntesis (proyectos) adecuadas, necesarias, de transformación.

Proyectar y construir

Proyectar y construir	56
Inicio / final	57
Gravedad	58
De mi obra	59

Proyectar y construir

Proyectar es una acción que se desplaza hacia el futuro. Supone imaginar otra realidad, otro mundo diferente del presente.

Para el proyecto necesitamos los datos de lo existente: el lugar y sus rumores, el uso y sus referencias, la materia y sus convenciones.

Pero, de hecho, el proyecto violenta estos datos (debe hacerlo): el lugar será (y debe ser) irremisiblemente cambiado, el uso evolucionará, no podrá fácilmente congelarse, pacificarse, domesticarse. El proyecto también distorsionará la materia —o, mejor— le dará sentido: la piedra será vidrio o al revés, el proyecto siempre reinventará, cuando menos, parcialmente, la técnica que utilice.

El proyecto como necesario momento de invención hacia el futuro.

La construcción es una larga travesía por el presente continuo. El pasado (el proyecto) existe como eco, como una forma fantasmal que ya no se discute, y a veces ya no se recuerda ni su origen.

Construir supone anclarse en el barro, chapotear por él en un viaje sin horizontes lejanos. Debemos acostumbrarnos a las distancias cortas, a veces microscópicas. El presente, detenido y expandido, a veces parece eterno, un lugar donde, yo al menos, prefiero abandonar cualquier esperanza de transcendencia.

Finalmente el edificio aparece. Pese a la lentitud de la construcción, de pronto, el edificio llega. Diríase que los esfuerzos sostenidos a lo largo de mucho tiempo han sido condición iniciática para hacer posible su aparición repentina. Y así lo vemos: entero, nuevo, joven, brillante.

Nosotros muy pronto lo abandonaremos.

Inicio / final

Los inicios piden energía, alegría, esperanza. Pueden parecer un juego y, a veces, deben serlo.

Los finales piden, ya sin esperanza de otra posibilidad, energía ciega sin desesperación.

Los finales piden controlar la melancolía.

'Wenn man sich sein Haus fertig gebaut hat, merkt man, unversehens Etwas dabei gelernt zu haben, das man schlechterdings hätte wissen müssen, bevor man zu bauen – anfing.'

«Cuando uno ha acabado de construir su casa, advierte que haciéndola ha aprendido, sin darse cuenta, algo que tendría que haber sabido absolutamente antes de comenzar a construir».
Nietzsche, Friedrich. *Más allá del bien y del mal*. 1985

El final permite, unos segundos, contemplar la obra y, a veces, apreciarla.

El final obliga, inmediatamente, a desaparecer, a abandonarla a su suerte. Condición necesaria para nuestra supervivencia.

Gravedad

La ley de la gravedad es uno de nuestros temas. Esta nos habla del encuentro con la tierra, del arraigo, de la solidez, de la estabilidad. Pero al mismo tiempo todo esto lo vivimos con la fuerza opuesta: la voluntad de volar, de flotar, de abandonar el peso y conquistar el aire. La mitología griega lo describía de forma muy bella: a Dédalo, el primer arquitecto, constructor de los gruesos muros que delimitaban el Laberinto, lo sucede su hijo Ícaro, que intentó —y casi consiguió— volar. El final de esta historia es conocido. En mi caso, levantar muros (actividad última del arquitecto) se produce en paralelo, a veces, con la pretensión de hacerlos levitar. Prefiero imaginar espacios cubiertos (construir techos) que no construir pilares. El mejor pilar es el que no existe.

De mi obra

Mi obra habla de lugares que transformo y continúo.

La construcción es una lucha con el tiempo. También —en esta práctica tan artesanal— nos arraiga en el lugar.

No participo de la retórica del buen salvaje. Mi obra es nómada; no habla tanto del arraigo, de las raíces, de la tierra. Es más de cazador que de agricultor.

Mi obra habla del espacio. De hecho, entre las muchas cosas que me quedan por hacer estaría construir algo que solo fuera espacio (sin materia, gravedad, uso), solo espacio flotante con luz y oscuridad.

Me gustaría hacer una obra cosmopolita (entendible por todos) sin referirme a mis raíces (no hay que exhibirlas); en todo caso, serán implícitas, no explícitas.

Entiendo que en el mundo de la globalización los discursos exaltados y mesiánicos de fin de siglo no han dado fruto, ya se han agotado.

Así como las versiones «high-tech» o los amaneramientos epiteliales.

Los discursos históricos han señalado sus límites y su fecha de caducidad.

Tampoco me reconozco en las contemporáneas proposiciones del buen salvaje: en la periferia, arraigado, local, antiurbano, pseudofranciscano... Su discurso esconde una mentira, aunque su obra sea intensa y pueda complacer su materialidad que la relación próxima a la obra permite.

Me encantaría situarme en una tercera vía: cosmopolita pero atenta, específica pero entendible por todos, próxima a la materia pero no limitada por ella, con raíces pero sin exhibirlas. Se trata de ampliar el campo, no de insistir en los límites.

Enseñar y Aprender

Sobre el aprendizaje   62
Construir y enseñar   66
Respuestas a un
estudiante de arquitectura   69

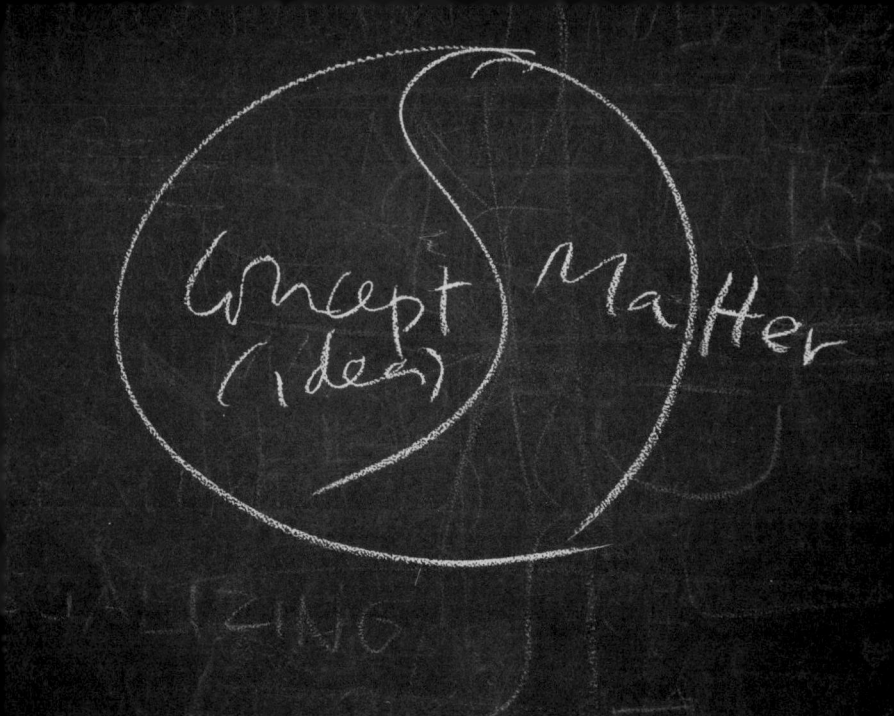

IMG. 27   Notas en una pizarra por Josep Lluís Mateo

Sobre el aprendizaje

IDEA Y MATERIA

Nuestra misión es enseñar a proyectar: es decir, imaginar en términos físicos una nueva realidad y, además, ser capaz de hacerla posible: construirla.

Mi interés es más conceptual —es decir, abstracto— que estilístico-formal y siempre parte de la consciencia de que nosotros, los profesores, ponemos las preguntas y los alumnos deben producir las respuestas. Siempre he pensado que el gran profesor propone una pregunta cuya pertinencia y planteamiento hace que todas las respuestas sean excelentes.

La práctica de la arquitectura gravita, a mi juicio, alrededor de la dialéctica idea-materia. En arquitectura ambos términos están intrínsecamente interrelacionados de una forma muy específica. Por lo tanto, nuestros estudiantes se enfrentan desde sus inicios, por ejemplo, a introducir el grueso de lo material en el interior de la abstracción ideal, a usar la lógica de la estructura resistente como principio de orden del proyecto o a imaginar la luz como material del espacio, relacionando así el mundo físico de la experiencia sensible con la abstracción de la idea.

En este tránsito, me interesa señalar la necesidad tanto de la frialdad pragmática como del fuego que emana de su aparente opuesto: el delirio anticipador del constructor del futuro. Sin este fuego, la arquitectura pierde valor.

Una de las cosas posibles aunque difíciles de transmitir por parte del enseñante es entusiasmo, interés vital por el conocimiento y por el descubrimiento.

Nosotros lo intentamos.

DATOS E INSTRUMENTOS

El proyecto se despliega sobre una gran multiplicidad de datos previos: datos sobre su entorno, su contexto; y, por lo tanto, una cierta ampliación controlada del campo es siempre atractiva. La ciudad, la naturaleza, las culturas específicas son siempre datos en torno a los cuales se articula el discurso del proyecto; y también datos más internos que corresponden al uso, a la función que el proyecto debe escenificar y transformar en espacio o en factibilidad económica y técnica. Datos.

La observación y el análisis en *busca de un proyecto* son actitudes que pueden transmitirse y aprenderse, y en nuestro propio campo algunos de los instrumentos con los que contamos para operar también pueden y deben aprenderse.

Debemos utilizar *imágenes*, como escenificación de una nueva realidad imaginada, una ficción que —en nuestras manos— se convertirá, esta es la promesa, en escenario cotidiano para nuestro exterior, los demás. Las imágenes son también instrumentos de diálogo con nuestros interlocutores.

Las *maquetas* nos permiten analizar tanto el volumen como el espacio, y debemos ejercitarnos en ver sus posibilidades, escalas y consistencias.

En paralelo al análisis, la cultura del proyecto es la cultura de la acción y, por lo tanto, supone la construcción de nuevos hechos. Insistir en los instrumentos supone, por otra parte, insistir en la dimensión factual, productiva, de la actividad proyectual.

DESCUBRIR Y COMPARTIR

Aprender, conocer, supone incrementar nuestro estadio de consciencia; es decir, incorporar a nuestro bagaje argumentos, referencias, formas que antes no conocíamos.

La metáfora del saltador es oportuna. El saltador corre, se apoya en el suelo (en lo que conocía) y desde allí se proyecta hacia arriba, vuela y cae en algún lado incógnito.

El proyecto como instrumento de conocimiento, pero sobre todo como actividad inventiva que transforma los datos en algo que es al mismo tiempo adecuado, evidente e insólito y nuevo.

Nuestro trabajo, frecuentemente, es provocar este salto: eliminar las certezas, los lugares comunes, la grosería de lo ya conocido por el estudiante para que solo y desnudo esté obligado a producir algo nuevo.

Pese a ciertas limitaciones, la enseñanza de proyectos tiene algo en común con la investigación. A partir de datos se producen, deben producirse, *quantums* de nuevo conocimiento personal y, a veces, colectivo.

Aunque nuestra acción proyectual debe ser intensa y muy específicamente focalizada, nuestra mente debe también poder operar con amplitud de horizontes y categorías. Debemos estar en el suelo chapoteando en el barro y luchando por cada detalle y al mismo tiempo debemos poder volar para ejercitar la visión de conjunto.

La experiencia docente analizada, revisada, ampliada producirá textos y materiales a disposición. La enseñanza no es solo el momento inefable de encuentro entre el profesor y el alumno.

Compartir es la otra cara del descubrir.

Construir y enseñar

*Entrevista con Josep Lluís Mateo
de Isabel Concheiro y Anna Hotz*

IC & AH ¿Podría hablar de la relación entre su actividad académica y su práctica profesional? ¿De qué modo se influyen entre sí?

JLM Me considero un arquitecto en activo. No obstante, debo señalar que no siempre ha sido así. Al inicio de mi carrera como arquitecto, no estaba claro lo que iba a hacer. De hecho, dediqué algunos años a la crítica y la edición de libros y revistas. Al final de ese período, descubrí que lo más emocionante de esta profesión era ejercer la arquitectura: pasar a la acción y construir.

De todos modos, siempre he considerado que el espacio fuera de la práctica profesional es estimulante al tiempo que invita a la reflexión. Es obvio que no voy a enseñar el modo en que hago proyectos; no intento nunca reflejar mi trabajo en este ámbito. Lo que me parece interesante como profesor es el hecho de que compartimos un espacio en el que nos enfrentamos a un problema que no tiene una respuesta clara. Lo que es apasionante es pensar y enseñar a pensar. ¿Cuáles son los interrogantes? ¿Cuáles son los campos de estudio? ¿Cuáles son los temas de debate en esta disciplina? Para todos nosotros. Si existe una interacción entre las dos actividades, es la posibilidad de pensar en la arquitectura sin tener necesidad de producirla. Por tanto, se puede ser analítico, ver diferentes opciones e incluso valorar posturas muy distintas. Siempre procuro no tener una solución personal a un problema, solo herramientas analíticas. Y también exijo síntesis en un resultado de alta calidad.

IC & AH Hoy en día, en el mundo académico y el profesional, nos enfrentamos a una relación dialéctica entre la especificidad de lo local y el carácter genérico de lo global. ¿Cómo aborda esta dialéctica en la enseñanza?

JLM Mi presencia aquí en la ETH de Zúrich es, en cierto modo, una expresión de esta dialéctica. La identidad europea se ha construido en parte sobre una dialéctica norte-sur.

En la época actual debemos mostrarnos abiertos para entender y valorar diferentes proyectos, aunque no sean propios. El lado científico de la profesión es una especie de confrontación cultural: los diagramas de carga, refracción y estructurales se expresan mediante un idioma común y plantean un debate colectivo.

Por lo tanto, debemos ser abiertos y flexibles, pero también necesitamos un juego de instrumentos sólido para operar. Y eso es algo que tenemos que transmitir a nuestros alumnos.

En el mundo globalizado de hoy todos tenemos nuestros orígenes y nuestras tradiciones; son un punto de partida, pero no pueden ser nuestro destino. Cada vez más empezamos desde diferentes lugares y coincidimos en proyectos compartidos.

IC & AH ¿Cuál es el papel en general del mundo académico en la producción de conocimientos?

JLM El mundo académico es un término de los siglos XVIII y XIX. Los académicos eran enemigos de los modernos. El mundo académico se concebía como algo alejado de la vida, de lo contemporáneo, de las cosas necesarias, que se preocupaba solo por el poder y por el estatus. El conocimiento académico era así una expresión del conocimiento sin vida ni energía, puramente arqueológico y formalista.

La versión actual del mundo académico sería más infraestructural. Su finalidad es la de construir un espacio en el momento oportuno con las personas adecuadas de modo que la interacción genere conocimientos. La Architectural Association de los años sesenta fue un lugar interesante que produjo toda una constelación de personajes que han sido posteriormente referentes de la arquitectura de nuestro tiempo.

      La versión actual de este escenario, aunque no muy frecuente, también existe. Lugares en los que se produce la aventura del conocimiento y en los que se reúne una comunidad heterogénea, suma de actores cualificados, de cuya interacción se generan líneas de análisis y de acción que construyen el nuevo proyecto necesario.

Aquí creo que estamos en uno de estos escasos lugares.

Respuestas a un estudiante de arquitectura

*Entrevista con Josep Lluís Mateo
de Piotr Lopatka*

PL   Un pensamiento sintético y lineal: cómo conseguir ambos

JLM   La acción (porque el proyecto es una propuesta para actuar, hacer algo) es el resultado del pensamiento sintético.

El análisis es el resultado de procesos que son más lineales o incluso sinuosos (no exactamente en este orden). Los análisis tratan de entender algo no exactamente con el propósito de hacer algo.

Tenemos que ser capaces de analizar el mundo con libertad y mente abierta.

Pero no podemos perdernos en este análisis. Como arquitectos, debemos estar dispuestos a producir una idea sintética (propia, personal, pero que también debe ser colectiva): un proyecto en el que creamos, que estemos dispuestos a construir, si tenemos en cuenta otra forma de negociación con la realidad. Que sea creativo y destructivo al mismo tiempo.

(La destrucción y la creación son las dos caras de una misma moneda, ¡cuidado!)

PL   ¿Se puede aprender arquitectura leyendo palabras o interpretando imágenes?

JLM   Las palabras son el medio para comunicar, expresar el pensamiento abstracto. Las formas son la expresión física del mundo y de las ideas.

Personalmente, siempre he rechazado la arquitectura que solo se basa en las formas; puede acabar fácilmente en la pura ornamentación o el sentimentalismo.

Prefiero la energía de las ideas, confiando en que la forma las seguirá.

Dicho esto, tenemos que aprender, disfrutar, experimentar y entender la lógica material de nuestra realidad. Esto incluye la composición del paisaje, los diferentes modos con que reaccionan los materiales en nuestras manos o los mágicos matices de la luz en el espacio. También tenemos que aguzar los sentidos en un sentido específico...

PL ¿Tienen los artefactos urbanos una poesía interior?

JLM No siempre. En muchos casos —sobre todo en nuestras ciudades, formadas básicamente por viviendas—, el artefacto urbano consiste en una pantalla (o piel) con volumen.

La domesticidad, por supuesto, no produce espacios épicos. Está —y tiene que estar— más relacionada con la intimidad y el contacto directo con los sentidos.

Pero, por otro lado, la arquitectura verdaderamente urbana que recuerdo sí que está dotada de espacio: el Panteón de Roma es portentoso. La iglesia de Santa María del Mar de Barcelona o la catedral de Palma de Mallorca, espacios puramente urbanos, tienen una poesía colectiva y personal a la vez...

Así pues, tenemos que luchar para crear espacios, incluso hoy.

PL ¿Existe una arquitectura que produce una sola imagen (ni interior ni exterior)?

JLM Sé de dónde proviene esta pregunta.

Depende del punto de vista. Se puede ser metafísico, abstracto, esencialista o reduccionista. El clasicismo y el minimalismo fueron el origen de estas prácticas. Un solo objeto que lo abarca todo.

Personalmente, me interesa más la multiplicidad: la posibilidad de adaptar y expresar la complejidad de la vida actual. Tampoco quiero llegar a extremos barrocos, pero prefiero ser capaz de considerarlo todo.

PL   El proceso

JLM   El proceso es importante, por supuesto, pero lo que realmente importa es el producto acabado: el edificio; debe poder hablar por sí solo. La importancia del proceso radica en su función de producir el mejor edificio posible, y ello requiere inteligencia, paciencia y energía. Los arquitectos son los únicos agentes necesarios a lo largo de todo el proceso, que tienen un objetivo que alcanzar, un proyecto que realizar.

El proceso, el modo en que hacemos algo, se evalúa por medio del resultado final.

Y eso a veces puede ser un drama.

Diálogos

Orígenes con Philip Ursprung 74
Resistencia con Fredy Massad
y Alicia Guerrero 84
Punto de inflexión constante
con Félix Arranz y Jaume Prat 92

Orígenes

*Entrevista con Josep Lluís Mateo
de Philip Ursprung*

PU   ¿Podría explicarme cómo fue su infancia y cuál es su contexto familiar?

JLM   Por lo que recuerdo, era un niño muy introvertido y solitario que observaba el mundo con cierta perplejidad y los ojos abiertos de par en par.

En un principio mi padre quería ser arquitecto. En aquella época (a finales de los años veinte), la carrera de Arquitectura se iniciaba con dos años de Ciencias Exactas que permitían presentarse a un durísimo examen de dibujo. Cuando se superaba este, se ingresaba en la Escuela de Arquitectura. Mi padre, del que tengo un gran recuerdo, luego de pasar el examen de acceso, continuó estudiando las dos carreras, acabando Exactas rápidamente, muy poco antes del inicio de la Guerra Civil.

Después de la guerra, que él hizo en el bando republicano, ganó las oposiciones como catedrático de Cálculo en la Escuela de Ingenieros de Terrassa, lo que motivó el traslado de la familia a Barcelona y le permitió acabar Arquitectura unos años más tarde. Yo nací más o menos en ese momento y, fruto de esa situación, sin duda frustrante y dura para él, me encontré predestinado a ser arquitecto y fui sometido a una educación arquitectónica durante mi infancia. Era, por su parte, una especie de venganza en diferido frente al destino; promovía unas condiciones ideales de aprendizaje alguien que no las había tenido.

En mi casa había una gran biblioteca. Siempre he estado rodeado de libros y yo —que siempre, especialmente de pequeño, he sido introvertido y solitario, como he comentado— los usaba, como decía el poeta barcelonés Jaime Gil de Biedma, para «imaginar certezas y curar heridas».

En todo caso, recuerdo que, de muy pequeño, junto a tebeos miraba libros muy elementales de Gaudí, Le Corbusier o Mies.

PU   ¿Cómo era crecer en Barcelona en los años cincuenta y sesenta? ¿Qué fue lo que le marcó?

JLM   Yo nací en el Ensanche, muy cerca de la Pedrera de Gaudí. Cuando nos trasladamos a la parte norte de la ciudad a finales de los años cincuenta, fui testigo de cómo se construía esa nueva zona. En aquellos años, el desarrollo de la ciudad se producía en una especie de proceso orgánico y cancerígeno; se iba haciendo cada vez más grande. Recuerdo estar rodeado de solares en construcción y nuevos edificios. Desde mi casa, aún se podían ver zonas rurales. Al cabo de pocos años, se habían convertido en parte de la ciudad, con edificios modernos de arquitectos como José Antonio Coderch y Francesc Mitjans.

De hecho, la arquitectura de los años cincuenta dejó obras de gran interés en todas partes, también en Barcelona. Algunos de los mejores ejemplos locales corresponden al paisaje próximo de mi infancia.

PU   Era la época de la dictadura de Franco. ¿Era difícil viajar?

JLM   Sí, por razones económicas y políticas.

Mi primer viaje fue a París, cuando tenía dieciocho años. En Barcelona, la principal referencia de aquella época era París, y el francés era la segunda lengua en la escuela, por lo que era una opción natural. A partir de entonces, hice grandes viajes todos los veranos. Viajaba, habitualmente solo, en autostop. Hice un largo viaje a Escandinavia y Finlandia, donde me impresionó más Arne Jacobsen que Alvar Aalto. Otro verano crucé Europa, fui a Praga, desde allí pasé a Atenas, y regresé por Italia. Visité Ítaca, siguiendo la ruta de Ulises. Me di cuenta de que era el mismo paisaje, el mismo mar y el mismo sol que tenía en Barcelona.

Para un joven que vivía en la dictadura franquista esos largos viajes tenían un tono romántico y de aventura extremos. También incrementaban el desarraigo. De hecho, no fue hasta mucho más tarde que me di cuenta de que era, de que quería ser, de aquí.

Viajé a América mucho más tarde, a los treinta años. Pero mi principal referencia ha sido siempre Europa.

PU ¿Siempre quiso ser arquitecto?
JLM En el contexto en el que me había formado se daba por supuesto que yo sería arquitecto. Quizás por eso yo tenía enormes dudas. Aunque tampoco tenía otra opción muy clara. Me di cuenta de que se me daban bien las matemáticas y las ciencias, y que me interesaban las humanidades: el arte, la cultura, la sociología, aquellas disciplinas que te ayudan a entender el mundo. Estudiar alguna ingeniería me parecía limitado, pero no me interesaba nada de la arquitectura la componente artístico-manual que dejaba entrever: el dibujo, las maquetas... Toda esa especie de artesanía epitelial.

Al final, estudié Arquitectura en la Escuela de Barcelona (la única existente entonces) de 1967 a 1973, con grandes dudas sobre mi futuro.

PU ¿Qué arquitectos admiraba?
JLM De mi época de estudiante, que es cuando uno conoce el placer de la emoción relacionada con la adquisición de conocimiento, lo más interesante era Archigram. También me gustaban los proyectos del nuevo brutalismo. Me impresionó la figura crítica de Reyner Banham. Recuerdo *The Architecture of Four Ecologies (Los Ángeles: la arquitectura de cuatro ecologías)* (1971), sin duda un libro fundamental para definir el mito de Los Ángeles, y muchos otros que encontré en la biblioteca de mi padre. Me gustaban los Smithsons, el James Stirling de la época,

Candilis-Josic-Woods (el proyecto para la Universidad Libre de Berlín, los proyectos africanos...), Yona Friedman. Sus posturas eran completamente opuestas a la cultura local en la que yo me encontraba, donde el debate se limitaba a la artesanía, la tradición y el ladrillo. Yo era de otro mundo. El desarraigo también venía de aquí.

PU ¿Llegó a pensar en ser escritor?
JLM Mi padre murió en 1973, justo cuando acabé la carrera. Me hice adulto de golpe. Estuve años cerrando el estudio de mi padre, dirigiendo obras, finalizando proyectos que yo no había iniciado, a lo que dediqué un gran esfuerzo.
Pero necesitaba conocer, ampliar mis horizontes, aprender. Por eso empecé a actuar como crítico. De hecho, yo siempre había aprendido de los libros, y uno escribe porque lee. En algún momento de dificultades pude imaginar que solo me dedicaría a escribir, pero también degusté en esos momentos la energía y el placer de la construcción, la fuerza colectiva en que el arquitecto puede tener un papel interesante. Yo soy arquitecto porque construyo. Sin construir, no me interesaría para nada este trabajo.

PU ¿Qué críticos y teóricos le interesaban?
JLM Tengo una formación muy clásica. Siempre me han atraído las personas que combinan la teoría y la práctica, y estoy muy interesado en el pensamiento conectado a la acción. Leía muchos textos de poetas y artistas que también teorizaban, como, por ejemplo, los escritos de Charles Baudelaire, el *Diario* de Eugène Delacroix y T. S. Eliot. En paralelo a esta crítica próxima, también me interesaban los historiadores del arte alemanes y austriacos, como Aby Warburg, Erwin Panofsky y Ernst Gombrich. Utilizaban inteligentemente su distancia hacia el objeto con una mezcla de conocimiento general y pasión. Lo que me parecía despreciable es el papel del crítico únicamente político, que utiliza sus argumentos sin ningún interés por el objeto analizado, inmune a él. La escuela tafuriana, de la que yo tenía abundantes ejemplos a mi alrededor en

España, era un claro ejemplo de discurso ideológico sin ningún interés por la obra.

PU   Visité Barcelona por primera vez en 1987. Recuerdo que el puerto era todavía una zona oscura, abarrotada, y era peligroso adentrarse en la parte vieja de la ciudad. Cuando regresé a mediados de los noventa, todo era seguro, y la ciudad tenía el mismo aspecto que otras grandes ciudades. Algo se había perdido: una parte de su historia, el pasado, que había sido reprimido, había desaparecido. Pero cuando visité su Complejo Multifuncional Joan Güell, lo reprimido volvía a estar presente. El enorme aparcamiento en el subterráneo y los extraños detalles en el pavimento de mármol de los que usted me había hablado me llevaron a pensar que me disponía a emprender una expedición arqueológica. ¿Puede decirme algo sobre su concepción de la historia?

JLM   Me interesa mucho la relación entre la historia y la arqueología. Uno de mis sueños juveniles era ser arqueólogo. Me fascinaba el trabajo de los arqueólogos: descubrir fragmentos, recomponerlos, analizar las múltiples capas de un objeto sin tener una idea clara del conjunto. Freud menciona la idea de «arqueología de la mente» como metáfora del proceso cognitivo. Para mí, sigue siendo una metáfora interesante. No me interesa lo que está «más allá de la historia». Lo contemporáneo me produce cierta indiferencia. Pero me apasiona lo arcaico, como, por ejemplo, las ruinas prehistóricas. Pienso en la historia y en la realidad sin distinguir realmente lo viejo de lo nuevo. Y no tengo ningún sentimentalismo respecto a la historia o el pasado. Incluso la modernidad es historia. Los edificios de Mies ya tienen un siglo.

PU   Dos proyectos que me gustan mucho son una obra no construida para el Lustgarten de Berlín (1994) y la nueva sede del Deutsche Bundesbank en Chemnitz, actualmente en construcción. Ambos están situados en la ex República Democrática Alemana. ¿La desaparición de la RDA es un tema importante para usted?

JLM   No exactamente. Pero la cultura alemana ha gravitado siempre a mi alrededor, empezando otra vez por mi padre, que hablaba alemán y en su biblioteca tenía textos originales de Einstein y Heinrich Wölfflin, que obviamente no comprendía, pero que tenían un cierto valor mítico, cabalístico, arcano; incomprensible pero quizás fundamental.

En 1986 visité Alemania por primera vez. Hans Kollhoff me invitó a una *Sommerakademie*. Marcel Meili estaba allí y también Jacques Herzog, entre otros. Estuve unos meses viviendo en Berlín. Era la época de la película *El cielo sobre Berlín* de Wim Wenders. Allí descubrí que la nueva Europa unida iba a suponer el encuentro de dos tradiciones, la católica y la protestante, y que el norte y el sur iban a producir una síntesis nueva, un punto de encuentro hacia el que he intentado e intento transitar.

PU   Junto al emplazamiento y la historia, el tema del tiempo, o más bien el sentido del tiempo, parece importante en sus proyectos. Por un lado, hay una especie de argumento narrativo en cada proyecto; cada uno parece explicar una historia. Por el otro, obligan a hablar del entorno. ¿Cómo funciona su proceso de diseño?

JLM   Sí, un proyecto siempre explica una historia de un lugar y de un tiempo específicos. Una historia que muchos no conocen todavía, pero que se espera que sea explicada.

Casi toda mi obra proviene de concursos. Ganar un concurso, cuando este no está amañado, supone que mucha gente diferente entiende una idea, le interesa y la apoya: la hace suya. Y esto sucede cuando esta historia, inventada, es, a su vez, real. El proyecto anuncia un mundo que, aunque todavía no existe, está latente.

Me preguntas por el proceso. Construir —mi objetivo último— es un camino muy largo, con distintas fases. Hay un primer momento de invención y diseño. Es fundamental. Hay materiales y herramientas específicas con las que trabajar. Esto debe ocurrir rápidamente. Podrías estar toda una vida para llegar aquí, pero, al final, el acto creativo tiene que ser rápido. Luego llega el momento de la construcción. Puede ser muy largo. Como constructor, necesitas tener virtudes como la constancia, la paciencia, la pasión y la permanencia. Nietzsche añadió otra característica básica: el «carácter melancólico» del constructor. Melancólico, porque en el proceso de construcción siempre descubre que ha aprendido algo que debería haber sabido desde el principio. La construcción es un momento muy importante.

Me sigue interesando esta profesión por la posibilidad de solidificar cierto tipo de ambiciones sociales. Convertir en sólido lo que no lo es. Si no, se fundiría en el aire, como dijo Marx. Se da un proceso alquímico.

Me encanta el aspecto físico de la construcción y la parte física del trabajo intelectual. Y, en medio, hay un tercer momento: la fase en que el proyecto se va desarrollando, cuando se tiene que discutir. Intento seguirla sin quemarme.

PU   Fue conocido internacionalmente con la transformación urbana del pueblo de Ullastret (1985). En este proyecto, parece «enmarcar» y «articular» los edificios existentes en vez de restaurarlos y, por lo tanto, eliminarlos. Es como si Walker Evans hubiera estado paseando por el pueblo, guiado por Carlo Scarpa, pero en vez de «tomar» fotos, se las hubiera «ofrecido». ¿Puede explicar algo sobre su interés en las pinturas, las imágenes y las fotografías?

JLM   Me encanta esta imagen de Walker Evans con Scarpa en Ullastret. Es muy adecuada.

En un momento determinado, te das cuenta de que tomar una foto es como hacer un proyecto. Defines una realidad determinada con una calidad determinada. Las fotografías interesantes transforman el objeto o la visión del objeto, sin destruirlo. Contemplas algo de un modo nuevo. Quizá entiendes algo que no habías visto antes. Asimismo, es una intervención cultural característica: ver algo que nadie ha visto anteriormente y que, sin embargo, estaba allí. La fotografía ha favorecido esta remodelación y reorganización de la realidad, de la misma realidad, sin destruirla.

Era un tema muy atractivo para mí, una vía de salida de los proyectos utópicos de los sesenta en los que me había formado. En los años sesenta, la revolución personal y el vitalismo se combinaban con el movimiento maoísta y antifranquista. En ambas situaciones, la utopía personal o colectiva era el horizonte final. Luego, hubo una especie de acuerdo común, de nuevo relacionado con mi generación, de que la realidad existente era mucho más potente que cualquier sueño utópico. La realidad, incluso cuando era sucia y periférica, era más excitante que cualquier fantasía sobre un mundo mejor. La fotografía como herramienta estaba íntimamente conectada a la creación de una nueva realidad, asociada a la realidad existente.

Tenía muchos amigos fotógrafos. Pero, al cabo de un tiempo, me di cuenta de que este tipo de enfoque fotográfico no era suficiente. La verdadera tarea del arquitecto es cambiar la realidad. Fui consciente de que los fotógrafos hacían bellas fotografías decadentes al estilo de Walker Evans, en las que se mostraba la basura y las zonas periféricas bajo una luz especial. Pero, al final, el arquitecto está en las filas del enemigo, en las filas de los que lo destruyen todo y luego construyen algo nuevo: limpio, brillante, obscenamente pulido. Cuando me di cuenta de ello, el romántico paisaje periférico contemporáneo se volvió menos atractivo.

Es cada vez más difícil hacer una foto y cada vez más difícil escribir. Al cabo de un tiempo, decidí que era demasiado. No quiero hacer edificios fotogénicos, sino edificios reales y buenos. Me dedico a ello. Otros deberán ocuparse de la transformación. Otros deberán llevar a cabo esas intervenciones, transformando el objeto tridimensional en una experiencia plana en blanco y negro o en color. Esta práctica es muy importante, ya que tiene que ver con la mediación. Es como ser crítico. Un crítico da sentido y concede aura a algo. Pero cuando me di cuenta de que mi trabajo era simplemente construir objetos, dejé de construir la descripción. Es mejor para mi trabajo. Es mejor si se considera independientemente.

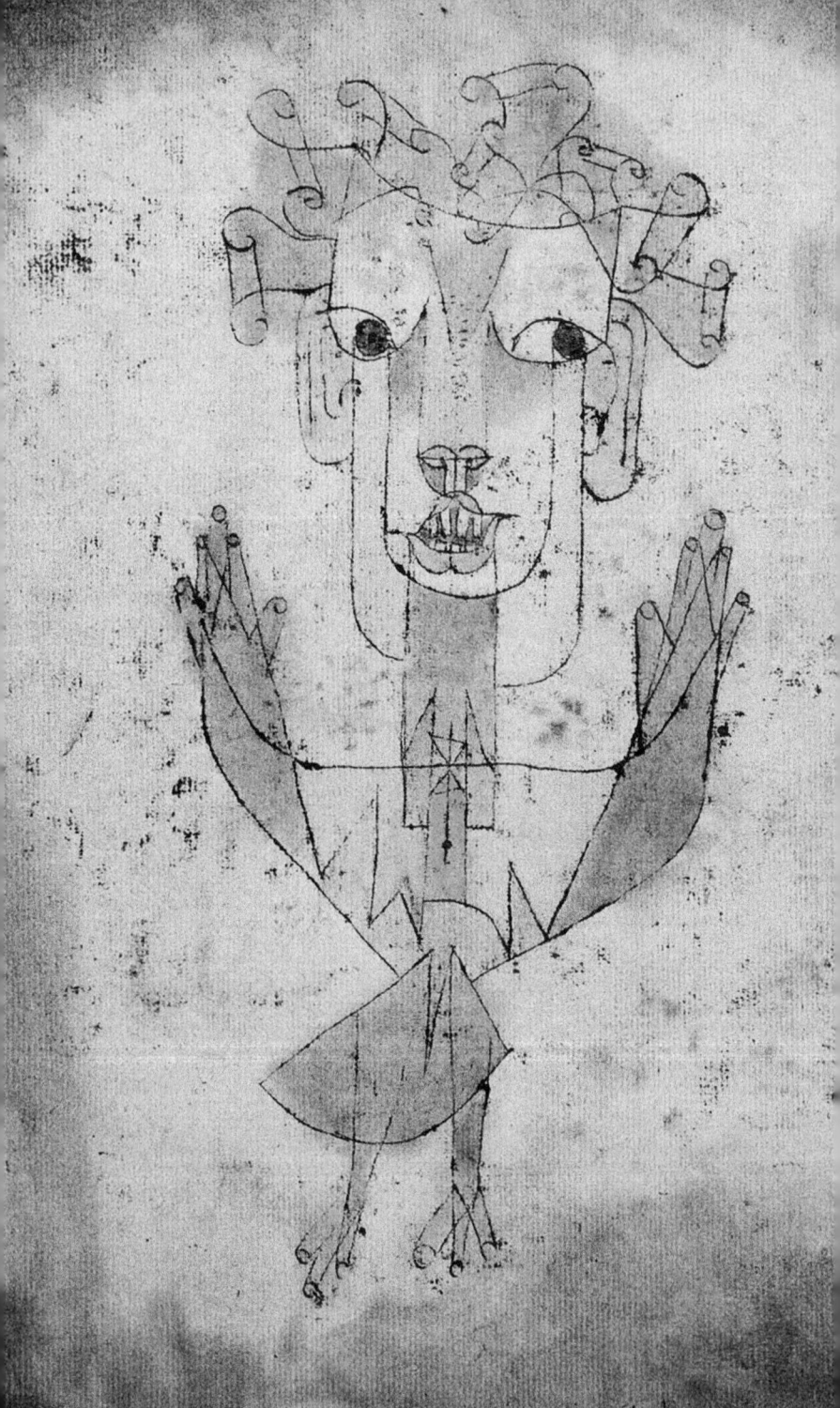

Resistencia

*Entrevista con Josep Lluís Mateo
de Fredy Massad y Alicia Guerrero*

Transcurridos casi diez años desde esta conversación con Josep Lluís Mateo, y releyéndola desde el interior del contexto presente —en la delicada cuerda floja sobre la que hoy vivimos—, percibo sus palabras como imbuidas de una renovada y reafirmada vigencia. En un momento de ese diálogo, él aludió al Ángel de la Historia de Walter Benjamin y a los devenires y las confluencias del pasado, el presente y el futuro. El escenario dentro del cual conversamos entonces era el de un tiempo de incertidumbres, marcado por las consecuencias de la fuerte recesión económica, que parecía conducir inexorablemente a una transformación de las formas de entender la arquitectura: una obligación a mirar directamente desde el zozobrante presente dejado por el vendaval de esa crisis hacia un futuro aún sin consistencia. Toda conversación con Josep Lluís Mateo ha actuado siempre sobre mí como una provocación lúcida desde la que revisar y releer mi sentido y visión del presente, y comprender las fuerzas y los potenciales positivos del pasado y el futuro sobre este. Regresar hoy a esta conversación supone encontrar ideas resistentes, y de resistencia, desde las que sostener caminos de reflexión y crítica vitales y urgentes.

IMG. 28   Paul Klee, *Angelus Novus (Ángel nuevo),* monoimpresión, 1920

FM & AG	En sus aproximaciones al concepto de globalización, ya hace una década, parecía tomar distancia respecto al posicionamiento predominante que se afirmaba entonces y anticipaba acertadamente algunos de los factores de riesgo que éste implicaba.[1] Actualmente, ante la evidencia del fracaso de la idea de una arquitectura global —que se ha planteado como un caprichoso objetualismo descontextualizado—, habiéndose colapsado aquellos «agujeros negros de la globalización» a los que hacía referencia entonces, junto con las serias dudas éticas que envuelven a aquellos proyectos «globalizantes» construidos en China, en Dubái, ¿cómo cree que podría replantearse la idea de globalización?
JLM	La arquitectura es un fenómeno que, aun estando ligado a la tierra y tener un carácter muy local, posee un componente abstracto que la hace más generalizable y siempre ha tenido una dimensión global. A lo largo de la historia, se han producido movimientos que recorrieron todo el mundo, con arquitecturas que pueden reconocerse como interconectadas.

Pero esas cuestiones sobre la globalización, situadas en el contexto concreto del momento en que las formulé, deben ser interpretadas como un intento de distanciarme de las teorizaciones sobre el regionalismo crítico de Kenneth Frampton, que me parecían muy limitadas, por cuanto percibía en ellas un punto de arcaísmo que me resultaba muy poco atractivo. Me parecían formulaciones que llevaban a descubrir a un extraño "buen salvaje" que apenas podría sobrevivir si fuera trasladado a la civilización, porque carecería de recursos para relacionarse con el mundo contemporáneo.

Y, si bien la arquitectura históricamente ha poseído un componente metaterritorial, el fenómeno actual de la

---

1. Vid. Albert Ferré (ed.). *Josep Lluís Mateo. Textos instrumentales.* Barcelona: Gustavo Gili, 2007. (Capítulo "Especificidad", p. 50–69).

globalización es indudablemente algo mucho más complejo que ha socavado buena parte de algunas de las bases de lo que a mí me interesaba entender como arquitectura, aunque a la vez creo que el fenómeno de la globalización es inevitable.

Cualquier teorización respecto de la globalización que aspire a ser operativa debe entender el hecho evidente de que la presencia, la fuerza y la energía de este fenómeno nos impulsa hacia un mundo en el que nuestros mensajes pueden ser escuchados por todos, independientemente del punto local desde donde se emitan, y esto nos permite aspirar a una cultura más interconectada.

Pero, por otro lado, mi postura quería oponerse a unas lecturas de la globalización que, a mi parecer, suponían la desaparición de la arquitectura en su vertiente de actividad intelectual, creativa y socialmente útil; la de una expresión del mundo que construye los lugares y los espacios de una forma inteligente, adecuada y bella. Pervertir esa cuestión, que era esencial, para convertirla en una máscara, ridícula tantas veces, ha sido la cara negativa de la globalización.

En cierto modo, estas líneas de acción sí han sido muy eficaces y han ayudado a construir a gran velocidad en muchas partes del mundo, pero evidenciando cómo la arquitectura también puede ser una actividad muy destructiva. Para mí, es crucial este hecho de que la construcción, por definición, es siempre un acto agresivo. Podría afirmarse en cierta manera que, cuando construyes, una o muchas cosas mueren. Para bien o para mal.

No he visto nada positivo en esa implantación de edificios *aliens*, entendiendo que esta arquitectura estaba absolutamente relacionada con la burbuja financiera y que no ha sido únicamente un argumento moral o estético el que ha acabado con ella, sino las condiciones de la realidad actual y las gravísimas consecuencias económicas que han tenido estos edificios. En muchos de los países donde el crecimiento ha sido especialmente fuerte se han dado líneas de acción que provocaban la destrucción de la arquitectura. No llevaban al desarrollo, sino que se convertían más bien en una especie de patología.

FM & AG
Si no se hubiera llegado a la situación de crisis económica, seguiríamos montados en esa farsa de fastos. La realidad es que la crisis ya venía de mucho antes, pero no la entendimos hasta que no tuvimos la evidencia ante nuestros ojos. ¿Cuál considera que es el modelo realmente eficiente de arquitecto para este momento en que se precisan replanteamientos, cambios de actitud y nuevas tomas de posición para la acción?

JLM
Un individuo que se informe, que se esfuerce por entender un problema y que analice, debata y proponga para intentar sintetizar las fuerzas en juego (naturales, económicas, sociales...), que ante el esfuerzo intenso que demanda cualquier proyecto sea un colaborador en quien el cliente pueda confiar, es el modelo de arquitecto que a mí más me ha interesado adoptar y el que creo que representa un concepto más contemporáneo que el anterior. Este es el modelo que considero que tiene presente. Hoy ya no se le ve sentido a esa exaltación de la presencia demiúrgica del gran artista y arquitecto que ha encarnado el fenómeno de los «arquitectos estrella».

FM & AG
En un escrito de 1984,[2] ya reivindicaba la necesidad de una crítica comprometida con la acción, una crítica estimuladora de la tensión intelectual, del encuentro emocional con la arquitectura, que interactuase verdaderamente con la creación arquitectónica. La situación sobre el estado de la crítica es hoy mucho más preocupante que la reflejada en ese escrito: de la excesiva intelectualización de la posmodernidad, de los discursos que plantearon los cambios tecnológicos a comienzos de los noventa, hemos acabado abocados a los

---

2. "La necesidad de la crítica" en Albert Ferré (ed.), *op.cit.*, (p. 31–32).

discursos y las retóricas vanas y vacuas del hipercapitalismo y de las conceptualidades destinadas a justificar y legitimar arquitecturas del objeto.

JLM   Mi visión, tal vez algo arcaica, es que la crítica ha ido paulatinamente convirtiéndose en una especie de herramienta de promoción.

En este momento, los valores ya no se discuten: se difunden o se venden. Es el poder del arquitecto o del cliente, más que la verdad o la sensatez de unas afirmaciones, el que establece el criterio de valor. La utilización directa del discurso a través de mensajes vacuos —entre los que hoy nos movemos, tratando de ignorarlos— para justificar algo que no tiene nada que ver con el edificio hace que la fuerza del mensaje disminuya cada vez más.

Internet ha supuesto un cambio radical en los mecanismos de los sistemas escritos, algo que ha culminado en la desaparición de aquellos personajes de referencia que emitían desde un centro y que ostentaban una autoridad intelectual incuestionable. Internet permite la aparición más directa de nuevos mensajes, al tiempo que desaparece esa relación más central de capacidad de influencia. Entre esa multiplicidad de voces que ahora existen hay muchas que no tienen el menor interés por la arquitectura y a las que mucha gente entiende que no se les debe prestar atención.

A largo plazo, esta situación tal vez puede variar; pero actualmente el papel tradicional de la crítica como mediación entre un mensaje y un público, entre un creador y un público, o como divulgación y definición analítica de temas y situaciones, ha desaparecido.

FM & AG   En 2012 se concluirá la construcción de un pabellón en el Museo Nacional de Praga. ¿Cómo se relaciona con la pequeña escala?

JLM   La escala pequeña es muy necesaria para algunas cosas. La arquitectura local ha sido a veces muy desprestigiada por abandonar cualquier pretensión y concentrarse en el mínimo detalle constructivo, lo cual es verdad, pero sí es también cierto que, para materializarse, necesita a veces esa gran precisión. A veces, se trata de aspectos mucho más genéricos: un detalle que se repite, una decisión puntual que se va extendiendo; pero hay ocasiones en que una decisión puntual es exclusivamente puntual, y no hay sistema, o bien se trata de un sistema muy pequeño.

En esas arquitecturas genéricas de la globalización de las que hablábamos al principio, la falta de atención al detalle se hace muy patente. Se palpa la ausencia de pensamiento específico, que es algo hecho desde un punto de vista muy alejado que no comprende los matices implícitos que hay entre una esquina, una pared o una escalera; que no comprende que hay un mundo diverso que hay que seguir y que hay que formalizar, expresándolo. Por eso esta distancia corta es muy necesaria; no siempre es indispensable, pero hay que reconocerla y saber resistirla.

FM & AG En este momento complejo, de transiciones, ¿cómo valora su trayectoria y cómo valora el presente para avanzar, pero sin plantear una escapada inconsciente o cobarde?

JLM Valorando el presente y la arquitectura, mi discurso no es ni puede ser negativo. Pese a todos los traumáticos signos de cambio, creo que la arquitectura como actividad y necesidad sigue y seguirá existiendo. Tendremos que adecuarnos: algo que el arquitecto siempre ha hecho.

El arquitecto siempre ha sido como un personaje flotante entre muchas cosas, y ese es para mí uno de los atractivos de esta profesión. Yo he tropezado con momentos muy complicados. He sido arquitecto, pero he podido ser otras cosas; alguna vez he pensado que podía haber sido escritor, crítico, editor... Pero habiendo experimentado los límites y los sufrimientos, creo, pese a todo, que nuestra actividad sigue siendo interesante, posible y necesaria.

No me atrevo a dar lecciones, todos debemos buscar hacia dónde nos interesa ir.

A nuestro alrededor tenemos ejemplos de cómo un arquitecto en un contexto local y en la globalización puede hacer obras llenas de energía, capaces de solucionar problemas y de emocionar de una forma compleja y complicada en estos tiempos que nos piden relacionarnos con un mundo global y manejar un nivel tecnológico avanzado.

Punto de inflexión constante

*Conversaciones entre Josep Lluís Mateo
y Félix Arranz. Editadas por Jaume Prat*

Los encuentros que se realizaron para preparar esta publicación se produjeron en un punto de inflexión en la obra de Josep Lluís Mateo. Lo que es decir poco, porque si algo ha caracterizado la carrera de Josep Lluís es este afán por investigar constantemente, este proceso a la vista que es su obra. Las conversaciones, conducidas por Félix Arranz para scalæ, se produjeron en y alrededor de 2012. Asistí a las dos últimas.

La publicación busca explorar todo aquello que subyace en torno a la obra de Josep Lluís Mateo. Interlocutor y editor desaparecen de la entrevista. El arquitecto se queda solo explicándose a sí mismo en un monólogo donde se ha tomado un cuidado especial en la preservación del ritmo y la oralidad de un conferenciante infatigable. La segunda conversación aparece después de una primera edición para matizar el escrito y convertirlo en un discurso que recorra los principios, procesos y situaciones planteados por su obra. Lo que no es suficiente si no se alude a aquello que no tiene nombre ni explicación, a aquel rompimiento de la regla que llamamos todo lo otro. Lo que tenéis en vuestras manos es el resultado de reeditar este trabajo de 2013 para reescribir y condensar los matices en su forma breve actual. Visto desde una cierta distancia temporal, lo que tiene más valor de este escrito es la constatación de que sus palabras no se quedaron cortas. Los puntos de inflexión enunciados se produjeron. Josep Lluís sigue renovándose. Hoy podemos presentar este escrito en un nuevo punto de inflexión.

NEGRO

El negro es el no-color. Tiene un punto de abstracción pura, de reflexión nula, de no-luz. Aunque más que el negro, el color que me gusta es el gris marengo. Tiene un 80% de negro y un punto de blanco. Es esta especie de unión de opuestos. Y tiene un poco de rojo. Tiene una complejidad mayor que el negro, que es totalmente sordo. El gris marengo es negro con algo más, y lo he utilizado a menudo. Sigue siendo abstracto, pero tiene más matices, más profundidades. Es menos duro. Puede ser brillante y liso. El negro es demasiado directo. El blanco es agridulce. Lo del gris marengo es una buena metáfora. Dos conceptos antitéticos y el rojo. El rojo le da fuego, sangre, dentro de la muerte, de la inanición, de la falta de movimiento del negro. El rojo le da vida. El rojo tiene que ver con la tierra. Abres un agujero y está allí cuando hay arcilla. El rojo es tierra, más que fuego. Es la energía vital que subyace dentro de la materia, el magma dentro de un volcán. Es un momento inicial. Como el mundo primitivo, como todo lo que tiene que ver con la arquitectura. Todo esto está relacionado con los momentos básicos de la naturaleza, del cosmos, de la luz, del agua. Lo que hacemos los arquitectos es algo básico. Cuando construimos una cubierta es un abrigo, algo que te protege del agua, una topografía. Mi trabajo no es hacer solamente un ejercicio personal y artístico, es como si escribiese en una especie de argamasa... la relación con la tierra, con el agua, con el sol. Algo que da sentido a la construcción. Lo primitivo es un argumento.

ALMA

Me encantaría construir algún espacio que no estuviese funcionalmente predeterminado. Me encantaría enfrentarme a proyectos donde las necesidades y las funciones precisas no fuesen lo esencial. Proyectos donde se experimentase el espacio, la divinidad, el interior, la materia. Puede parecer un poco metafísico y un poco ridículo, pero un espacio, algo que te conmueva, que notes vivo, tiene que tener un carácter, un alma.

Los edificios que me han introducido en la arquitectura, como el Panteón de Roma, que es el que más me ha impresionado como experiencia espacial y vital, tienen alma. En el caso del Panteón, es una mezcla entre el espacio y la luz, que es casi lo único que hay, una gran tectonicidad que va vibrando con la luz y con el aire... y el uso, que es totalmente vulgar. Todo aquello está abierto, entran el aire y el agua, está lleno de pájaros que se cagan encima de todo. Es la intensidad de la ruina, de la imagen piranesiana. Es el pasado, es el presente... Es esa especie de momento que a la vez es trascendente y muy vulgar. Es algo efímero y eterno.

Soy más analítico que plástico, soy más intelectual que manual. Me han dicho, como algo positivo, que veo mi propia obra como un problema intelectual separado de mí. Y es verdad. Hace años interpretaba un edificio mío como un tratado de matemáticas: problemas geométricos que me hacían poner el pavimento de tal o cual manera... Siempre he tenido mucha tendencia a ver mi obra como resultado del análisis intelectual, que pide distancia. Aparezco, pero no estoy. No es la actitud del típico artista pasional.

TIEMPO

Tengo una mala relación con mis edificios. Intento no volver a verlos. El edificio es un momento de nuestra historia y no nos pertenece. Somos unos intermediarios. Cuando terminamos, el edificio empieza. El cliente lo entrega, y nosotros desaparecemos. Hasta ese momento, más o menos, podemos creer que el edificio nos pertenece. Y en parte es así. Soy muy consciente de ello. Cuando termino, me despido. Los últimos pintores están repasando. No está limpio, pero se ve. Entonces es el momento en que el edificio es mío. Es importante para no sufrir, para no ver los grandes o pequeños dramas, los errores, que son muy dolorosos, el salvajismo, la falta de aprecio de los que lo usan, la mala interpretación de las instrucciones de uso...

La arquitectura es dura. Aunque pretenda ser pragmática y servicial, propone cambios. Cambios reales. Esto se ve cuando acabas un edificio. La reacción del que entra a veces es la de sentirse agredido. La arquitectura es unívoca, precisa... Afirma algo y deja de ser todo lo demás.

El envejecimiento es un dato que nunca he considerado mucho. El tiempo está en el proyecto. La historicidad en mi obra la vivo mal. La percibo, pero de una forma menos lineal de como la podría percibir un crítico. Por eso no hago de crítico. El crítico señala la temporalidad de las cosas. El momento cero, el del origen. Para uno que está dentro esta posición es totalmente imposible. Me encuentro tensionado por proyectos de antes y de después. El ahora no existe. Las primeras obras pasaron sin pena ni gloria, y posteriormente se celebraron más, como Ullastret, que fue muy importante para mí y me piden publicarla una y otra vez como si fuese actual. Pasado, presente y futuro interaccionan en nosotros.

IN—OUT

Siempre me he considerado un arquitecto europeo. Con unas ciertas raíces específicas, evidentemente, pero moviéndome en un lugar común entre el norte y el sur, entre el rigorismo protestante y la permisividad católica... Mi práctica profesional y académica continuada en este contexto simplemente es la confirmación de esta voluntad. Y no solo es voluntad. Las esencias últimas de mi proyecto son cosmopolitas sin renunciar a ser específicas. Esto te obliga a ampliar la mirada, a suspender el juicio, a ampliar la comprensión del otro, que también es uno, y a pensar en el proyecto de forma abierta y libre.

Aunque en el fondo la arquitectura es local. Cada vez tengo más consciencia de mi relación con mis raíces. Mi madre era valenciana: el mar, *Cañas y Barro*,[1] la cultura local, una cierta sensualidad mediterránea... Pero me gusta el metal. La fundición, lo que se produce con el calor es fino. Se puede moldear. Recoge en sí esa especie de energía brutal que tiene dentro. Me gusta el fuego. Es mágico, líquido... y, casi por definición, necesita precisión. Cualquier herrero en cualquier lugar necesita planos a 1:1. Me gusta pensar por dónde pasarán las juntas. Mi gran momento es insistir hasta en el último milímetro para ver dónde hay que hacer el corte.

Mis mejores proyectos me buscan. Evidentemente, yo los busco a ellos también, pero los que llegan es porque quieren llegar.

---

1. *Cañas y Barro* es una novela de Vicent Blasco Ibáñez, escrita en 1902 y ambientada en la periferia rural de Valencia.

REALISMO MÁGICO

La vulgaridad es un tema muy interesante y muy atractivo. Operamos dentro de lo vulgar. Lo vulgar tiene poco espesor. Es una forma que no se reexamina, que te encuentras y que no conmueve. Remite a cosas que están devaluadas, que tuvieron sentido, grueso, valor, y que llegan como restos de serie. Operamos con convenciones. El interés de nuestro trabajo es trabajarlas y cambiarlas, o distorsionarlas. No me interesa la vulgaridad como prejuicio, pero sí a veces como punto de partida.

Siempre he tenido una relación curiosa con el éxito y el fracaso. Me da la sensación de que el éxito es la antesala del fracaso. Después de llegar a la cumbre, hay que bajar. Dentro de mi trayectoria de larga distancia, de supervivencia, más que triunfar intento avanzar.

Mi trabajo pretende ser sutil. Complejo, preciso y sutil. Un día, Alejandro Zaera me dijo, a propósito de las viviendas de Ámsterdam, que tenían magia. El adjetivo es poderoso, me gusta. Son unas viviendas evidentemente sólidas, terrenas, pero tienen aire. Me gusta la idea de que el arquitecto sea como un mago, que saque conejos de la chistera; es decir, que defina un producto esperado pero no existente, que produzca un resultado insólito, inusual pero necesario. El arquitecto como profesional pragmático, eficaz, sin alma, sin magia, no me interesa nada.

MATICES: GRUESO

Siempre he sido un disidente. De la arquitectura contemporánea me disgusta su falta de discurso sobre la materia. Es una forma implementada sin atención al tema físico. Es una masa que parece haber llegado de cualquier manera. Procuro intentar definir la materia. Con la perspectiva de sentirme un arquitecto internacional, esta especie de materialización concreta y cercana ha sido un argumento de la cultura local.

Tengo tendencia a imaginar las cosas con grueso. El grueso se relaciona con la masa. El grueso nos permite entender la última capa en relación con todas las otras.

MATICES: OPTIMISMO

El reto que constituye seguir operando como arquitecto en un mundo como el nuestro, que está cambiando rápidamente, es de un gran atractivo. Mi punto de vista es un poco especial. Por un lado, el rol que me gusta seguir tiene partes permanentes (los encuentros artesanales, de los que yo no era tan consciente antes, y ahora veo que la cualidad material de las cosas es especial).

El qué y el cómo van ligados. Una idea se puede tener en segundos. Y te puedes quedar atrapado durante años realizándola. Lo que no es banal. Miguel Ángel decía que el paso de la idea a la obra se hacía de rodillas, y cuando acabas y terminabas destrozado tenía que parecer frívolo. La obra tenía que parecer un capricho instantáneo.